公益財団法人 日本漢字能力検定協会

これでなっとく！

漢検 クイック スタディ

4級

漢検 公益財団法人 日本漢字能力検定協会

もくじ

1章 ▶▶▶

2章 ▶▶▶

3章 ▶▶▶

巻末付録

巻末付録は、後ろから開きます。

3

本書の特長と使い方

漢検協会ならでは

検定データの分析から生まれた1冊

公益財団法人 日本漢字能力検定協会が保有する **「漢検」®** のデータを分析した結果をもとに編集しました。特に、実際に×になった答案の傾向を分析し、間違いやすい語や、誤りの多い字を、重点的に解説しました。

● 出題分野名
「漢検」での出題分野名に則しています。

● 自己採点記入欄
チェックボックスと同じく、2回分あります。

● 設問文
設問文をよく読んで、指示に従って解答しましょう。

書き取り⑨

次の――線の**カタカナ**を漢字に直せ。

● 問題
よく読んで解答しましょう。

□□ 1 教科書を<u>モクドク</u>して内容を覚える。[　　　]

□□ 2 大きな<u>ヨシン</u>が繰り返し襲ってくる。[　　　]

□□ 3 いつの間にか長い<u>サイゲツ</u>が過ぎた。[　　　]

□□ 4 ほころびを<u>タンネン</u>にぬう。[　　　]

□□ 5 <u>イセイ</u>のよいかけ声が聞こえる。[　　　]

□□ 6 <u>セマ</u>い路地を通る。[　　　]

□□ 7 <u>オソ</u>らく明日は晴れるだろう。[　　　]

□□ 8 私の母校は百年の歴史を<u>ホコ</u>る。[　　　]

□□ 9 家族そろって<u>シバイ</u>見物に出かける。[　　　]

□□ 10 早朝から一人で<u>シナイ</u>を振るう。[　　　]

● チェックボックス
2回分あります。できた問題にチェックする、できなかった問題にチェックする……など、自分の学ぶスタイルに合わせて使ってください。

232

4

●本書は、「日本漢字能力検定（漢検）」の4級合格を目指した問題集です。
●持ち運びに便利なコンパクトサイズで、いつでもどこでも、すきま時間に効率よく学ぶことができます。

●解説
語の意味のほか、漢字の意味や部首など、学習に役立つ解説を掲載しています。

【解説中にあるアイコンの意味】
対……対義語
類……類義語
語例…解答の漢字を含む別の語
✐……問題を理解するのに役立つポイントをまとめました。

誤答例 X ……よくある誤答例や、間違いやすいポイントを解説しました。特に「書き取り」分野の問題では、点画の誤りを、具体的に画像を使って説明しました。

間違いのある字　　正しい字
✕ → 歳　　○ 歳

| | 1回目 /10問 | 2回目 /10問 | ▶▶▶ 1ページ ▶▶▶ 2章 ▶▶▶ 1ページ |

| 標準解答 | 解説 |

1 [黙読] 黙読：声を出さずによむこと。

2 [余震] 余震：大きな地震のあとに引き続き何度も起こる小さな地震。

3 [歳月] 歳月：ねんげつ。としつき。
誤答例X 歳に注意。7〜10回目の部分が 歳 歳
「赤」になっている誤答は1つ。

4 [　　] ：細かいところまで注意を払うさま。
✐「 　 」の 　 は「まごころ」という意味を表す。

5 [　　] ：元気で活気があること。
誤答例X …「 　 」は「男女・老若の異なること」という意味の熟語。

6 [　　] ：空間が小さい。　　　　　　　　狭
誤答例X 同じつくり「 　 」を持つ字と混同しないよう注意。部首は

7 [　　] ：きっと。
✐確実性の高い推量を表す語。

8 [　　] ：名誉に思う。また、そのような状態にある。

9 [　　] …「 　 」に

10 [　　] ：かたな。字訓・当て字。

【付録】赤シート
赤シートを重ねると、赤字になっている部分を隠すことができます。

●標準解答
赤シートで答えを隠して、繰り返し学習しましょう。

『これでなっとく！漢検　クイックスタディ』スペシャルウェブサイト

学びを支えるコンテンツをご利用いただけます。詳細は、p.322（巻末15）をご覧ください。

「漢検」級別　主な出題内容

10級
…対象漢字数 80字
漢字の読み／漢字の書取／筆順・画数

9級
…対象漢字数 240字
漢字の読み／漢字の書取／筆順・画数

8級
…対象漢字数 440字
漢字の読み／漢字の書取／部首・部首名／筆順・画数／送り仮名／対義
語／同じ漢字の読み

7級
…対象漢字数 642字
漢字の読み／漢字の書取／部首・部首名／筆順・画数／送り仮名／対義
語／同音異字／三字熟語

6級
…対象漢字数 835字
漢字の読み／漢字の書取／部首・部首名／筆順・画数／送り仮名／対義
語・類義語／同音・同訓異字／三字熟語／熟語の構成

5級
…対象漢字数 1026字
漢字の読み／漢字の書取／部首・部首名／筆順・画数／送り仮名／対義
語・類義語／同音・同訓異字／誤字訂正／四字熟語／熟語の構成

4級
…対象漢字数 1339字
漢字の読み／漢字の書取／部首・部首名／送り仮名／対義語・類義語／
同音・同訓異字／誤字訂正／四字熟語／熟語の構成

3級
…対象漢字数 1623字
漢字の読み／漢字の書取／部首・部首名／送り仮名／対義語・類義語／
同音・同訓異字／誤字訂正／四字熟語／熟語の構成

準2級
…対象漢字数 1951字
漢字の読み／漢字の書取／部首・部首名／送り仮名／対義語・類義語／
同音・同訓異字／誤字訂正／四字熟語／熟語の構成

2級
…対象漢字数 2136字
漢字の読み／漢字の書取／部首・部首名／送り仮名／対義語・類義語／
同音・同訓異字／誤字訂正／四字熟語／熟語の構成

準1級
…対象漢字数 約3000字
漢字の読み／漢字の書取／故事・諺／対義語・類義語／同音・同訓異字
／誤字訂正／四字熟語

1級
…対象漢字数 約6000字
漢字の読み／漢字の書取／故事・諺／対義語・類義語／同音・同訓異字
／誤字訂正／四字熟語

※ここに示したのは出題分野の一例です。毎回すべての分野から出題されるとは限りません。また、このほ
かの分野から出題されることもあります。

日本漢字能力検定採点基準

最終改定：平成25年4月1日

❶採点の対象

筆画を正しく、明確に書かれた字を採点の対象とし、くずした字や、乱雑に書かれた字は採点の対象外とする。

❷字種・字体

①2〜10級の解答は、内閣告示「常用漢字表」（平成二十二年）による。ただし、旧字体での解答は正答とは認めない。

②1級および準1級の解答は、『漢検要覧 1／準1級対応』（公益財団法人日本漢字能力検定協会発行）に示す「標準字体」「許容字体」「旧字体一覧表」による。

❸読み

①2〜10級の解答は、内閣告示「常用漢字表」（平成二十二年）による。

②1級および準1級の解答には、①の規定は適用しない。

❹仮名遣い

仮名遣いは、内閣告示「現代仮名遣い」による。

❺送り仮名

送り仮名は、内閣告示「送り仮名の付け方」による。

❻部首

部首は、『漢検要覧 2〜10級対応』（公益財団法人日本漢字能力検定協会発行）収録の「部首一覧表と部首別の常用漢字」による。

❼筆順

筆順の原則は、文部省編『筆順指導の手びき』（昭和三十三年）による。常用漢字一字一字の筆順は、『漢検要覧 2〜10級対応』収録の「常用漢字の筆順一覧」による。

❽合格基準

級	満点	合格
1級／準1級／2級	200点	80％程度
準2級／3級／4級／5級／6級／7級	200点	70％程度
8級／9級／10級	150点	80％程度

※部首、筆順は『漢検 漢字学習ステップ』など公益財団法人日本漢字能力検定協会発行図書でも参照できます。

日本漢字能力検定審査基準

4級

程度
常用漢字のうち約1300字を理解し、文章の中で適切に使える。

領域・内容
《読むことと書くこと》
小学校学年別漢字配当表のすべての漢字と、その他の常用漢字約300字の読み書きを習得し、文章の中で適切に使える。
- 音読みと訓読みとを正しく理解していること
- 送り仮名や仮名遣いに注意して正しく書けること
- 熟語の構成を正しく理解していること
- 熟字訓、当て字を理解していること（小豆／あずき、土産／みやげ　など）
- 対義語、類義語、同音・同訓異字を正しく理解していること

《四字熟語》
四字熟語を理解している。

《部首》
部首を識別し、漢字の構成と意味を理解している。

3級

程度
常用漢字のうち約1600字を理解し、文章の中で適切に使える。

領域・内容
《読むことと書くこと》
小学校学年別漢字配当表のすべての漢字と、その他の常用漢字約600字の読み書きを習得し、文章の中で適切に使える。
- 音読みと訓読みとを正しく理解していること
- 送り仮名や仮名遣いに注意して正しく書けること
- 熟語の構成を正しく理解していること
- 熟字訓、当て字を理解していること（乙女／おとめ、風邪／かぜ　など）
- 対義語、類義語、同音・同訓異字を正しく理解していること

《四字熟語》
四字熟語を理解している。

《部首》
部首を識別し、漢字の構成と意味を理解している。

準2級

程度
常用漢字のうち1951字を理解し、文章の中で適切に使える。

領域・内容
《読むことと書くこと》
1951字の漢字の読み書きを習得し、文章の中で適切に使える。
- 音読みと訓読みとを正しく理解していること
- 送り仮名や仮名遣いに注意して正しく書けること
- 熟語の構成を正しく理解していること
- 熟字訓、当て字を理解していること（硫黄／いおう、相撲／すもう など）
- 対義語、類義語、同音・同訓異字を正しく理解していること

《四字熟語》
典拠のある四字熟語を理解している（驚天動地、孤立無援 など）。

《部首》
部首を識別し、漢字の構成と意味を理解している。

※1951字とは、昭和56年（1981年）10月1日付内閣告示による旧「常用漢字表」の1945字から「勺」「錘」「銑」「脹」「匁」の5字を除いたものに、現行の「常用漢字表」のうち、「茨」「媛」「岡」「熊」「埼」「鹿」「栃」「奈」「梨」「阪」「阜」の11字を加えたものを指す。

2級

程度
すべての常用漢字を理解し、文章の中で適切に使える。

領域・内容
《読むことと書くこと》
すべての常用漢字の読み書きに習熟し、文章の中で適切に使える。
- 音読みと訓読みとを正しく理解していること
- 送り仮名や仮名遣いに注意して正しく書けること
- 熟語の構成を正しく理解していること
- 熟字訓、当て字を理解していること（海女／あま、玄人／くろうと など）
- 対義語、類義語、同音・同訓異字などを正しく理解していること

《四字熟語》
典拠のある四字熟語を理解している（鶏口牛後、呉越同舟 など）。

《部首》
部首を識別し、漢字の構成と意味を理解している。

読み①

次の——線の**漢字の読み**を**ひらがな**で記せ。

□ 1 赤道より北側は<u>北緯</u>で表す。 〔　　　〕

□ 2 油田から石油を<u>採掘</u>する。 〔　　　〕

□ 3 クラス全員で<u>知恵</u>をしぼる。 〔　　　〕

□ 4 家が<u>数軒</u>あるだけの小さな村へ行く。〔　　　〕

□ 5 新刊が今月<u>中旬</u>に発売される。 〔　　　〕

□ 6 夏らしい<u>扇子</u>を買い求めた。 〔　　　〕

□ 7 正月用の<u>里芋</u>を大量に出荷する。 〔　　　〕

□ 8 敬老の日に祖父の<u>肩</u>をもんであげた。〔　　　〕

□ 9 狭い部屋に閉じ<u>込</u>められる。 〔　　　〕

□ 10 弟が<u>稲作</u>農家の跡を継ぐ。 〔　　　〕

標準解答　　　解説

1	［ ほくい ］	北緯：地球の北半球にある点の緯度を表す数値。**対** 南緯
2	［ さいくつ ］	採掘：地中から有益な鉱物や化石などをほり出すこと。
3	［ ちえ ］	知恵：物事の道理を的確に判断して、処理できる心の働き。
4	［ すうけん ］	数軒：「軒」は家などを数える単位の一つ。
5	［ ちゅうじゅん ］	中旬：月の十一日から二十日までの十日間。
6	［ せんす ］	扇子：あおいで風を起こす折りたたみ式の道具。
7	［ さといも ］	里芋：サトイモ科の多年草。
8	［ かた ］	肩：首のつけねから腕のつけねまでの体の上部。
9	［ こ ］	閉じ込める：中に入れたまま出られないようにする。
10	［ いなさく ］	稲作：稲を育てること。

読み

同音・同訓異字

漢字識別

熟語の構成

部首

対義語・類義語

送りがな

四字熟語

誤字訂正

書き取り

読み②

次の——線の**漢字の読み**を**ひらがな**で記せ。

□□ 1 名誉ある賞をいただく。　　　　［　　　］

□□ 2 画家の心情を投影した絵だ。　　［　　　］

□□ 3 引き出しから朱肉を取り出す。　［　　　］

□□ 4 新校舎は耐久性の高い建物だ。　［　　　］

□□ 5 粒子のあらさが目立つ写真だ。　［　　　］

□□ 6 故郷の村には同姓が多い。　　　［　　　］

□□ 7 卵を溶いてオムレツを作った。　［　　　］

□□ 8 支払い期日を一週間繰り延べる。［　　　］

□□ 9 狩りの獲物はわずかだった。　　［　　　］

□□ 10 弱音を吐くようではだめだ。　　［　　　］

標準解答　　　　　　　解　説

1 [めいよ]　名誉：優れていると認められ、高い評価を受けること。

2 [とうえい]　投影：ある物事の影響がほかに表れること。

3 [しゅにく]　朱肉：朱色の印肉。印章、印鑑などを押すときに使う。

4 [たいきゅう]　耐久：長い間持ちこたえられること。

5 [りゅうし]　粒子：物質を構成している、最も細かいつぶ。

6 [どうせい]　同姓：同じ名字。
語例 姓名

7 [と]　溶く：むらなくかき混ぜて均質な状態にする。

8 [く]　繰り延べる：日時を順々に延ばすこと。

9 [か]　狩り：鳥獣を追って捕らえること。

10 [は]　吐く：くちや鼻から体の外へ出す。言葉に出して言う。

読み

同音・同訓異字

漢字識別

熟語の構成

部首

対義語・類義語

送りがな

四字熟語

誤字訂正

書き取り

13

読み③

次の——線の**漢字の読み**を**ひらがな**で記せ。

□ 1 <u>隣人</u>から旅の土産をもらった。　　[　　　]

□ 2 <u>香料</u>の入ったシャンプーを使う。　[　　　]

□ 3 若者の言葉づかいを<u>奇異</u>に感じる。[　　　]

□ 4 この車は速度<u>制御</u>装置つきだ。　[　　　]

□ 5 街頭演説の<u>草稿</u>を書き起こす。　[　　　]

□ 6 セミの声が朝の<u>静寂</u>を破った。　[　　　]

□ 7 <u>怖</u>いもの見たさで谷底をのぞく。[　　　]

□ 8 温泉が勢いよく<u>噴</u>き上がる。　　[　　　]

□ 9 温暖な気候で草木がよく<u>茂</u>る。　[　　　]

□10 他人に<u>頼</u>らずに片づける。　　　[　　　]

標準解答　　　解説

1 [りんじん]
隣人：となりの人。近所の人。
語例 隣国

2 [こうりょう]
香料：よい香りを出すための原料。

3 [きい]
奇異：ふつうと変わっているさま。

4 [せいぎょ]
制御：機械や装置などを目的どおりに動くように調節すること。

5 [そうこう]
草稿：原稿の下書き。
ある✕ げんこう…「げんこう」と読むのは「原稿」。

6 [せいじゃく]
静寂：静まり返ってひっそりとしていること。

7 [こわ]
怖い：おそろしいと感じられる様子。
✐ 「怖いもの見たさ」とは「怖いものはかえって好奇心をそそる」の意。

8 [ふ]
噴き上がる：内部から水や蒸気などが勢いよくとび出す。

9 [しげ]
茂る：ほうぼうの枝から出た葉が重なり合った状態になる。

10 [たよ]
頼る：あてにする。

読み　同音・同訓異字　漢字識別　熟語の構成　部首　対義語・類義語　送りがな　四字熟語　誤字訂正　書き取り

15

読み④

次の──線の**漢字の読み**を**ひらがな**で記せ。

□□ 1 落語家が師の名を襲名する。 〔　　　〕

□□ 2 心理描写がたくみな小説だ。 〔　　　〕

□□ 3 電話の対応に忙殺される。 〔　　　〕

□□ 4 彼は毒舌家として知られている。 〔　　　〕

□□ 5 海外渡航の準備を進める。 〔　　　〕

□□ 6 宇宙船が大気圏に再突入した。 〔　　　〕

□□ 7 網を張って犯人を待ち構える。 〔　　　〕

□□ 8 幾つもの流れ星を見て感動した。 〔　　　〕

□□ 9 二人の子を授かった。 〔　　　〕

□□ 10 関係各国へ使者を遣わす。 〔　　　〕

標準解答　　　　　解説

1 [しゅうめい] 襲名：先代の芸名などを継ぐこと。

2 [びょうしゃ] 描写：言葉、絵、文章などで、実際の様子や感じを表すこと。

3 [ぼうさつ] 忙殺：非常にいそがしいこと。
　　　　　　　　✔ 殺は意味を強める語。

4 [どくぜつ] 毒舌：ひどいわるくちや厳しい皮肉。
　　　　　　　　語例 筆舌

5 [とこう] 渡航：飛行機や船で海を越えて外国へ行くこと。

6 [たいきけん] 大気圏：地球を取り巻く気体の層。

7 [あみ] 網：捕らえたり、取りしまったりするために張り巡らしたもの。

8 [いく] 幾つ：数が不定なことを表す。どれほどの数。
　　　　　　✔ 「幾つも」には「とても多い」という意味がある。

9 [さず] 授かる：かけがえのないものをいただく。
　　　　　　よみ✕ あずかる…「あずかる」と読むのは「預かる」。

10 [つか] 遣わす：行かせる。さし向ける。

読み

同音・同訓異字

漢字識別

熟語の構成

部首

対義語・類義語

送りがな

四字熟語

誤字訂正

書き取り

読み⑤

次の——線の**漢字の読み**を**ひらがな**で記せ。

□□ 1 国際情勢が切迫している。　　　　　〔　　　　〕

□□ 2 パーティー会場を装飾する。　　　　〔　　　　〕

□□ 3 国の史跡に指定された庭園だ。　　　〔　　　　〕

□□ 4 会議場は一時騒然となった。　　　　〔　　　　〕

□□ 5 素早く身支度を整えた。　　　　　　〔　　　　〕

□□ 6 服の胴回りのサイズを確認する。　　〔　　　　〕

□□ 7 海外旅行を明日にひかえて胸が躍る。〔　　　　〕

□□ 8 彼の苦しい心中を推し量る。　　　　〔　　　　〕

□□ 9 親の期待に添うように努力する。　　〔　　　　〕

□□ 10 家族は全員出払っている。　　　　　〔　　　　〕

標準解答　　　　解説

1 [せっぱく] 切迫：重大な事態が差しせまること。

2 [そうしょく] 装飾：美しく見えるようにかざること。

3 [しせき] 史跡：歴史上の事件に関係がある場所や建造物。

4 [そうぜん] 騒然：がやがやと騒がしいさま。

5 [みじたく] 身支度：何かをするために身を整えること。

6 [どうまわ] 胴回り：胴の周囲。ウエスト。

7 [おど] 躍る：喜びや期待などで胸がわくわくする。

8 [お] 推し量る：よく似た事実を当てはめて見当をつける。

9 [そ] 添う：期待、目的に応える。かなう。

10 [ではら] 出払う：人や物が全部出てしまう。

読み

同音・同訓異字

漢字識別

熟語の構成

部首

対義語・類義語

送りがな

四字熟語

誤字訂正

書き取り

同音・同訓異字①

次の——線の**カタカナ**にあてはまる漢字をそれぞれの**ア～オ**から**一つ**選び、**記号**で答えよ。

□□ **1** 故障した**カ**所を修理する。　　　〔　　〕

□□ **2** 寸**カ**をおしんで勉強する。　　　〔　　〕

□□ **3** 地元の名**カ**を土産にもらう。　　　〔　　〕

（　ア 暇　イ 果　ウ 箇　エ 価　オ 菓　）

□□ **4** 少しの誤差は**キョ**容範囲とする。　〔　　〕

□□ **5** 若くして**キョ**万の富と名声を得た。　〔　　〕

□□ **6** 建物を不法に占**キョ**する。　　　〔　　〕

（　ア 挙　イ 距　ウ 許　エ 拠　オ 巨　）

□□ **7** 森で犬が鹿を**カ**る。　　　　〔　　〕

□□ **8** 人形の服を着せ**カ**える。　　　〔　　〕

□□ **9** 風景を油絵に**カ**く。　　　　〔　　〕

（　ア 描　イ 借　ウ 替　エ 狩　オ 刈　）

20

（標準解答）　　　（解　説）

1 [ウ] 箇所：そのものが存在する所。場所。

2 [ア] 寸暇：非常にわずかなひま。
✐ 寸には「少し」、暇には「ひま」という意味がある。

3 [オ] 名菓：名を知られている上等なおかし。

4 [ウ] 許容：大目に見て、受け入れること。
✐ 許、容いずれも「ゆるす」という意味を持つ。

5 [オ] 巨万：数量が非常に多いこと。主に、金銭や財産などに言う。

6 [エ] 占拠：ある場所を占めて立てこもること。

7 [エ] 狩る：鳥獣を追いつめて捕らえる。
✐ 狩には「植物などを探して観賞したり採取したりする」という意味もある。

8 [ウ] 替える：あるものを別のものと取りかえる。入れかえる。

9 [ア] 描く：絵や図にかき表す。
✐ 描には「えが（く）」という訓読みもある。

同音・同訓異字②

次の——線の**カタカナ**にあてはまる漢字をそれぞれの**ア～オ**から**一つ**選び、**記号**で答えよ。

1 敬**ショウ**を略して名前を呼ぶ。 [　　　]

2 何事も手抜きをしない**ショウ**分だ。 [　　　]

3 国会の**ショウ**集を行う。 [　　　]

（ ア 称　イ 紹　ウ 召　エ 性　オ 章 ）

4 この絵には強烈な**イン**象を受けた。 [　　　]

5 光**イン**矢のごとしである。 [　　　]

6 **イン**居して気ままな生活を送る。 [　　　]

（ ア 飲　イ 印　ウ 陰　エ 隠　オ 因 ）

7 いくつもの障害を乗り**コ**える。 [　　　]

8 心を**コ**めて演奏する。 [　　　]

9 味つけを**コ**くする。 [　　　]

（ ア 恋　イ 込　ウ 濃　エ 肥　オ 越 ）

22

（標準解答）　　（解　説）

1 〔 ア 〕
敬称：氏名のあとにつけて敬意を表す語。
✎ 称には「呼び名」という意味がある。

2 〔 エ 〕
性分：持って生まれたせいかく。たち。
✎ 性を「しょう」と読むことに注意。

3 〔 ウ 〕
召集：国会議員に対して、国会開会のために集合するよう命じること。

4 〔 イ 〕
印象：対象物が人の心に与える感じや影響。

5 〔 ウ 〕
光陰：月日。年月。時間。
✎ 光は「太陽。昼。」、陰は「月。夜。」を表す。

6 〔 エ 〕
隠居：職をやめ、のんびり暮らすこと。一般に老人を指す。

7 〔 オ 〕
越える：障害物などを過ぎて向こう側へ行く。

8 〔 イ 〕
込める：その中に十分に含める。特に、ある感情や気持ちを注ぎ入れる。

9 〔 ウ 〕
濃い：その中に含まれている何かの成分が多い。

読み

同音・同訓異字

漢字識別

熟語の構成

部首

対義語・類義語

送りがな

四字熟語

誤字訂正

書き取り

同音・同訓異字③

次の──線の**カタカナ**にあてはまる漢字をそれぞれの**ア〜オ**から**一つ**選び、**記号**で答えよ。

1 昔の工場地帯は**エン**突が林立していた。 〔　　　〕

2 **エン**側で日なたぼっこをした。 〔　　　〕

3 人気が上向き、後**エン**会もできた。 〔　　　〕

（ ア 縁 イ 演 ウ 援 エ 煙 オ 媛 ）

4 **カン**言につられて痛い目にあう。 〔　　　〕

5 **カン**告を受け入れることにした。 〔　　　〕

6 国語辞典の**カン**修をする。 〔　　　〕

（ ア 鑑 イ 勧 ウ 歓 エ 監 オ 甘 ）

7 朝早くに目を**サ**ました。 〔　　　〕

8 磁石の針の**サ**す方向へ歩き出した。 〔　　　〕

9 庭にたくさんの花が**サ**く。 〔　　　〕

（ ア 指 イ 冷 ウ 覚 エ 避 オ 咲 ）

（標準解答）　　（解　説）

1〔 エ 〕煙突：物体の燃焼を助ける装置。けむりを外に出したり通風をよくしたりする。

2〔 ア 〕縁側：座敷の外側に設けられた細長い板敷き。

3〔 ウ 〕後援：うまく物事が運ぶように助けること。

4〔 オ 〕甘言：相手の気を引くためのたくみな言葉。

5〔 イ 〕勧告：物事を実行するよう説きすすめること。

6〔 エ 〕監修：書物の著述、編集などを責任を持って行うこと。また、その人。

7〔 ウ 〕覚ます：（眠りの状態などから）心のはっきり働く状態にもどす。

8〔 ア 〕指す：ゆびなどで方向、場所、物などを示す。

9〔 オ 〕咲く：花のつぼみが開く。

読み / 同音・同訓異字 / 漢字識別 / 熟語の構成 / 部首 / 対義語・類義語 / 送りがな / 四字熟語 / 誤字訂正 / 書き取り

同音・同訓異字④

次の――線の**カタカナ**にあてはまる漢字をそれぞれの**ア～オ**から**一つ**選び、**記号**で答えよ。

□□ **1** 興奮した観客が絶**キョウ**した。　　　[　　　]

□□ **2** その年は米が**キョウ**作だった。　　　[　　　]

□□ **3** 初優勝にファンは**キョウ**喜した。　　[　　　]

　（ ア 強　イ 叫　ウ 狂　エ 響　オ 凶 ）

□□ **4** 兄と**ケン**用でパソコンを使っている。[　　　]

□□ **5** 天下に名のとどろく**ケン**豪だ。　　　[　　　]

□□ **6** 発足当時の理念を**ケン**持する。　　　[　　　]

　（ ア 件　イ 剣　ウ 検　エ 兼　オ 堅 ）

□□ **7** 葉を太陽に**ス**かして見る。　　　　　[　　　]

□□ **8** 大安売りのちらしを**ス**る。　　　　　[　　　]

□□ **9** いつになく**ス**ました顔で歩いている。[　　　]

　（ ア 好　イ 透　ウ 澄　エ 刷　オ 済 ）

標準解答　　　　　解　説

1 [イ]　絶叫：ありったけの声を出してさけぶこと。また、その声。

2 [オ]　凶作：農作物がひどい不作でとれる量が少ないこと。特に米穀について言う。

3 [ウ]　狂喜：異常なほどにひどく喜ぶこと。

4 [エ]　兼用：他者と共用すること。

5 [イ]　剣豪：剣術の達人。

6 [オ]　堅持：意志や立場をかたく守ってゆずらないこと。

7 [イ]　透かす：物をとおして向こう側を見る。

8 [エ]　刷る：いんさつする。

9 [ウ]　澄ます：気取る。

読み
同音・同訓異字
漢字識別
熟語の構成
部首
対義語・類義語
送りがな
四字熟語
誤字訂正
書き取り

27

同音・同訓異字⑤

次の――線の**カタカナ**にあてはまる漢字をそれぞれの**ア〜オ**から**一つ**選び、**記号**で答えよ。

□□ **1** <u>ド</u>隷制の歴史を勉強する。 〔　　　〕

□□ **2** どこからか<u>ド</u>号が聞こえた。 〔　　　〕

□□ **3** 採算を<u>ド</u>外視して計画を立てる。 〔　　　〕

（ ア 奴 イ 土 ウ 度 エ 努 オ 怒 ）

□□ **4** 驚かそうと<u>ハイ</u>後から近づいた。 〔　　　〕

□□ **5** 勝利の祝<u>ハイ</u>を上げる。 〔　　　〕

□□ **6** 母校は著名人を多く<u>ハイ</u>出した。 〔　　　〕

（ ア 拝 イ 肺 ウ 輩 エ 杯 オ 背 ）

□□ **7** 成績不振で<u>カタ</u>身の狭い思いをした。 〔　　　〕

□□ **8** <u>カタ</u>苦しいあいさつは抜きにする。 〔　　　〕

□□ **9** <u>カタ</u>時も忘れたことはない。 〔　　　〕

（ ア 形 イ 片 ウ 型 エ 肩 オ 堅 ）

28

標準解答 解説

1 [ア]
奴隷：昔、人間としての自由や権利が認められず、他人に所有されて労働に服したり、売買されたりした人。

2 [オ]
怒号：腹を立てて、大声でどなること。また、その声。
✎ 怒には「腹を立てる」という意味がある。

3 [ウ]
度外視：問題にしないこと。心にかけないこと。

4 [オ]
背後：うしろの方。
✎ 背、後いずれも「うしろ」という意味。

5 [エ]
祝杯：祝いの酒を飲むさかずき。

6 [ウ]
輩出：才能のある人物が次々と世に出ること。

7 [エ]
肩身：体面。面目。世間体。
✎ 「肩身が狭い」は「ひけめを感じる」という意味の慣用句。

8 [オ]
堅苦しい：打ちとけず、きゅうくつであるさま。
✎ 堅には「かたい」という意味がある。

9 [イ]
片時：ほんの少しの間。わずかの時間。
✎ 「一時」の半分の意から。

読み

同音・同訓異字

漢字識別

熟語の構成

部首

対義語・類義語

送りがな

四字熟語

誤字訂正

書き取り

漢字識別①

三つの□に**共通する漢字**を入れて熟語を作れ。漢字は、**1〜5**は**ア〜コ**から、**6〜10**は**サ〜ト**から**一つ**選び、**記号**で答えよ。

□□ 1	水□画・多□・□色	ア 雷 イ 義 ウ 彩 エ 病 オ 監 カ 療 キ 電 ク 採 ケ 儀 コ 鑑	〔　　〕
□□ 2	□鳴・遠□・地□		〔　　〕
□□ 3	医□・□養・□法		〔　　〕
□□ 4	□定・印□・図□		〔　　〕
□□ 5	□礼・行□・流□		〔　　〕
□□ 6	□興・□動・□幅	サ 到 シ 迷 ス 鏡 セ 振 ソ 倒 タ 震 チ 鼓 ツ 故 テ 境 ト 命	〔　　〕
□□ 7	傾□・圧□・□壊		〔　　〕
□□ 8	□惑・□信・□走		〔　　〕
□□ 9	□舞・太□・□笛隊		〔　　〕
□□ 10	越□・□界・□内		〔　　〕

標準解答	解　説
1 ［ ウ ］	水彩画：水で溶いた絵の具でかいた絵。 多彩：種々さまざまで、見事なこと。 彩色：色をつけること。いろどる。
2 ［ ア ］	雷鳴：かみなりの音の響き。 遠雷：遠くの方で鳴るかみなり。 地雷：地中にうめて爆発するしかけの武器。
3 ［ カ ］	医療：病気や傷を治すこと。 療養：病気を治しながら体を休めること。 療法：病気の手当ての方法。
4 ［ コ ］	鑑定：本物かどうかなどを見分けること。 印鑑：あらかじめ役所に登録した特定の印。 図鑑：物の図や写真を集めて説明した本。
5 ［ ケ ］	儀礼：定まった形式で行われる礼法、式礼。 行儀：日常の行為や動作の作法。 流儀：物事の独特のやり方。しきたり。
6 ［ セ ］	振興：産業などを盛んにすること。 振動：ゆれ動くこと。ゆり動かすこと。 振幅：物がゆれ動くはば。
7 ［ ソ ］	傾倒：物事に興味を持ち夢中になること。 圧倒：とても勝っているさま。 倒壊：建物などが、たおれてこわれること。
8 ［ シ ］	迷惑：他人の行動で不快な思いをすること。 迷信：科学的根拠のない言説を信じること。 迷走：予想される道を外れて進むこと。
9 ［ チ ］	鼓舞：はげまし、元気づけること。 太鼓：つつ状の胴に革を張った楽器。 鼓笛隊：たいこと笛が中心の行進する音楽隊。
10 ［ テ ］	越境：国ざかいをこえること。 境界：土地などのさかいめ。 境内：神社・寺院の敷地の中。

読み

同音・同訓異字

漢字識別

熟語の構成

部首

対義語・類義語

送りがな

四字熟語

誤字訂正

書き取り

漢字識別②

三つの□に**共通する漢字**を入れて熟語を作れ。漢字は、**1〜5**は**ア〜コ**から、**6〜10**は**サ〜ト**から一つ選び、**記号**で答えよ。

□1	□言・熱□・□乱	ア 採 イ 狂 ウ 奇 エ 寄 オ 触 カ 惨 キ 攻 ク 参 ケ 功 コ 共	[　　]
□2	□跡・□抜・好□心		[　　]
□3	□発・感□・□手		[　　]
□4	□撃・□守・□略		[　　]
□5	□劇・悲□・陰□		[　　]
□6	□雪・□奏・鼓□	サ 鮮 シ 合 ス 咲 セ 吹 ソ 染 タ 濁 チ 豪 ツ 群 テ 服 ト 脱	[　　]
□7	□落・着□・離□		[　　]
□8	□明・新□・□度		[　　]
□9	□遊・強□・□勢		[　　]
□10	□音・汚□・□点		[　　]

標準解答	解 説

1 〔 イ 〕

狂言：道理に外れた言葉や行為。
熱狂：興奮して気持ちが高ぶること。
狂乱：言動がふつうでないこと。

2 〔 ウ 〕

奇跡：常識では考えられない不思議な出来事。
奇抜：とびぬけて変わっているさま。
好奇心：珍しいことなどに興味を持つ心。

3 〔 オ 〕

触発：何かのきっかけで意欲を起こすこと。
感触：刺激を受けて皮膚に起こる感じ。
触手：下等動物のくち近くにあるひも状の突起。

4 〔 キ 〕

攻撃：戦争やスポーツで相手をせめること。
攻守：せめることと守ること。
攻略：敵陣をせめてうばい取ること。

5 〔 カ 〕

惨劇：いたましい出来事。
悲惨：悲しくいたましい様子。
陰惨：暗くむごたらしいこと。

6 〔 セ 〕

吹雪：激しい風とともに雪が降ること。
吹奏：笛などの管楽器で演奏すること。
鼓吹：奮い立たせようとはげますこと。

7 〔 ト 〕

脱落：あるべきものが抜け落ちていること。
着脱：着けたり外したりすること。
離脱：所属しているところから離れること。

8 〔 サ 〕

鮮明：あざやかではっきりしていること。
新鮮：新しく生き生きとしていること。
鮮度：新しさの度合い。

9 〔 チ 〕

豪遊：大金を使ってぜいたくに遊ぶこと。
強豪：強くて手ごわいこと。また、そのような人。
豪勢：非常にぜいたくなさま。

10 〔 タ 〕

濁音：かなに濁点をつけて表す音。
汚濁：汚れてにごること。
濁点：清音のかなの右肩に打つ二つの点。

読み
同音・同訓異字
漢字識別
熟語の構成
部首
対義語・類義語
送りがな
四字熟語
誤字訂正
書き取り

33

熟語の構成①

熟語の構成のしかたには □ 内の**ア〜オ**のようなものがある。
次の熟語は □ 内の**ア〜オ**のどれにあたるか、**一つ**選び、**記号**で答えよ。

□□ 1 越冬 　　　　　　　　　　［　　］

□□ 2 雌雄 　　　　　　　　　　［　　］

ア　同じような意味の漢字
　　を重ねたもの
　　　　　　　　（岩石）

イ　反対または対応の意味
　　を表す字を重ねたもの
　　　　　　　　（高低）

ウ　前の字が後の字を修飾
　　しているもの
　　　　　　　　（洋画）

エ　後の字が前の字の目的
　　語・補語になっている
　　もの　　　　（着席）

オ　前の字が後の字の意味
　　を打ち消しているもの
　　　　　　　　（非常）

□□ 3 抜歯 　　　　　　　　　　［　　］

□□ 4 珍事 　　　　　　　　　　［　　］

□□ 5 取捨 　　　　　　　　　　［　　］

□□ 6 未刊 　　　　　　　　　　［　　］

□□ 7 出荷 　　　　　　　　　　［　　］

□□ 8 救援 　　　　　　　　　　［　　］

□□ 9 去来 　　　　　　　　　　［　　］

□□ 10 安眠 　　　　　　　　　　［　　］

標準解答	解 説

1 [エ]
越冬：冬を越すこと。
構成 越 ← 冬 目的
冬を越す。

2 [イ]
雌雄：めすとおす。
構成 雌 ←→ 雄 対義
「めす」と「おす」、反対の意味。

3 [エ]
抜歯：悪くなるなどした歯を抜くこと。
構成 抜 ← 歯 目的
歯を抜く。

4 [ウ]
珍事：めったにない珍しい事柄。
構成 珍 → 事 修飾
珍しい事柄。

5 [イ]
取捨：取ることと捨てること。
構成 取 ←→ 捨 対義
「取る」と「捨てる」、反対の意味。

6 [オ]
未刊：まだ刊行されていないこと。
構成 未 × 刊 打消
まだ刊行されていない。

7 [エ]
出荷：商品を送りだすこと。
構成 出 ← 荷 目的
荷を出す。

8 [ア]
救援：困っている状態からすくい助けること。
構成 救 === 援 同義
どちらも「たすける」という意味。

9 [イ]
去来：去ることと来ること。ゆきき。
構成 去 ←→ 来 対義
「去る」と「来る」、反対の意味。

10 [ウ]
安眠：安らかにぐっすりと眠ること。
構成 安 → 眠 修飾
安らかな眠り。

読み

同音・同訓異字

漢字識別

熟語の構成

部首

対義語・類義語

送りがな

四字熟語

誤字訂正

書き取り

熟語の構成②

熟語の構成のしかたには _____ 内の**ア〜オ**のようなものがある。
次の熟語は _____ 内の**ア〜オ**のどれにあたるか、**一つ選び**、**記号**で答えよ。

☐☐ 1 珍奇 　　　　　　　　　　　　　　［　　］

☐☐ 2 自他 　　　　　　　　　　　　　　［　　］

☐☐ 3 清濁 　　　　　　　　　　　　　　［　　］

☐☐ 4 未踏 　　　　　　　　　　　　　　［　　］

☐☐ 5 耐寒 　　　　　　　　　　　　　　［　　］

☐☐ 6 渡世 　　　　　　　　　　　　　　［　　］

☐☐ 7 新郎 　　　　　　　　　　　　　　［　　］

☐☐ 8 違反 　　　　　　　　　　　　　　［　　］

☐☐ 9 握力 　　　　　　　　　　　　　　［　　］

☐☐ 10 屈指 　　　　　　　　　　　　　　［　　］

ア 同じような意味の漢字を重ねたもの（岩石）

イ 反対または対応の意味を表す字を重ねたもの（高低）

ウ 前の字が後の字を修飾しているもの（洋画）

エ 後の字が前の字の目的語・補語になっているもの（着席）

オ 前の字が後の字の意味を打ち消しているもの（非常）

（標準解答）　　　　　（　解　説　）

1　[　ア　]
珍奇：珍しくて、変わっていること。
構成 珍 ＝＝ 奇 同義
どちらも「めずらしい」という意味。

2　[　イ　]
自他：自分と他人。
構成 自 ←→ 他 対義
「自分」と「他人」、反対の意味。

3　[　イ　]
清濁：清らかなことと濁っていること。
構成 清 ←→ 濁 対義
「清らかだ」と「濁っている」、反対の意味。

4　[　オ　]
未踏：まだだれも足を踏み入れたことのないこと。
構成 未 × 踏 打消
まだ踏み入れていない。

5　[　エ　]
耐寒：寒さに耐えること。
構成 耐 ←― 寒 目的
寒さに耐える。

6　[　エ　]
渡世：よわたり。世の中で暮らしていくこと。
構成 渡 ←― 世 目的
世の中を渡る。

7　[　ウ　]
新郎：結婚したての男性。はなむこ。
構成 新 ―→ 郎 修飾
新しい男の人。郎は「男」という意味。

8　[　ア　]
違反：法律や規則などに従わないこと。
構成 違 ＝＝ 反 同義
どちらも「そむく」という意味。

9　[　ウ　]
握力：手で物を握りしめる力。
構成 握 ―→ 力 修飾
握る力。

10　[　エ　]
屈指：(指を折って数え上げるほど) 特に優れていること。
構成 屈 ←― 指 目的
指を屈する。

読み

同音・同訓異字

漢字識別

熟語の構成

部首

対義語・類義語

送りがな

四字熟語

誤字訂正

書き取り

熟語の構成③

熟語の構成のしかたには[____]内の**ア～オ**のようなものがある。
次の熟語は[____]内の**ア～オ**のどれにあたるか、**一つ**選び、**記号**で答えよ。

☐☐ 1 製菓 [ ]

☐☐ 2 休暇 [ ]

☐☐ 3 未詳 [ ]

☐☐ 4 寝台 [ ]

☐☐ 5 乾燥 [ ]

☐☐ 6 賞罰 [ ]

☐☐ 7 遠征 [ ]

☐☐ 8 汚点 [ ]

☐☐ 9 歓喜 [ ]

☐☐ 10 越境 [ ]

> ア 同じような意味の漢字を重ねたもの
> 　　　　　　　（岩石）
>
> イ 反対または対応の意味を表す字を重ねたもの
> 　　　　　　　（高低）
>
> ウ 前の字が後の字を修飾しているもの
> 　　　　　　　（洋画）
>
> エ 後の字が前の字の目的語・補語になっているもの
> 　　　　　　　（着席）
>
> オ 前の字が後の字の意味を打ち消しているもの
> 　　　　　　　（非常）

標準解答　　　　解　説

1 [エ]
製菓：菓子を作ること。
構成 製 ←── 菓 目的
菓子を製造する。

2 [ア]
休暇：休日以外の公認されている休み。
構成 休 ━━ 暇 同義
どちらも「休み」という意味。

3 [オ]
未詳：今のところ、詳しくわかっていないこと。
構成 未 × 詳 打消
まだ詳しくわかっていない。

4 [ウ]
寝台：寝るときに使う台。ベッド。
構成 寝 ──→ 台 修飾
寝る台。

5 [ア]
乾燥：水分が少なくなり乾くこと。
構成 乾 ━━ 燥 同義
どちらも「かわく」という意味。

6 [イ]
賞罰：ほめることと罰すること。
構成 賞 ←──→ 罰 対義
「ほめる」と「罰する」、反対の意味。

7 [ウ]
遠征：遠くまで出かけて試合などをすること。
構成 遠 ──→ 征 修飾
遠くにゆく。征は「戦いなどにゆく」という意味。

8 [ウ]
汚点：不名誉な出来事。傷。
構成 汚 ──→ 点 修飾
汚れた点。

9 [ア]
歓喜：心から喜ぶこと。大きな喜び。
構成 歓 ━━ 喜 同義
どちらも「よろこぶ」という意味。

10 [エ]
越境：国境を越えること。
構成 越 ←── 境 目的
境を越える。

読み

同音・同訓異字

漢字識別

熟語の構成

部首

対義語・類義語

送りがな

四字熟語

誤字訂正

書き取り

熟語の構成④

熟語の構成のしかたには[____]内の**ア～オ**のようなものがある。
次の熟語は[____]内の**ア～オ**のどれにあたるか、**一つ選び**、**記号**で答えよ。

□□ **1** 恩恵　　　　　　　　　　　　　[　　]

□□ **2** 無尽　　　　　　　　　　　　　[　　]

ア	同じような意味の漢字を重ねたもの（岩石）
イ	反対または対応の意味を表す字を重ねたもの（高低）
ウ	前の字が後の字を修飾しているもの（洋画）
エ	後の字が前の字の目的語・補語になっているもの（着席）
オ	前の字が後の字の意味を打ち消しているもの（非常）

□□ **3** 巡回　　　　　　　　　　　　　[　　]

□□ **4** 即答　　　　　　　　　　　　　[　　]

□□ **5** 功罪　　　　　　　　　　　　　[　　]

□□ **6** 耐火　　　　　　　　　　　　　[　　]

□□ **7** 帰途　　　　　　　　　　　　　[　　]

□□ **8** 拍手　　　　　　　　　　　　　[　　]

□□ **9** 空欄　　　　　　　　　　　　　[　　]

□□ **10** 禁煙　　　　　　　　　　　　　[　　]

標準解答 　　　　解　説

1 〔 ア 〕

恩恵：与えられて幸福や利益となる恵み。
構成 恩 ＝＝ 恵 同義
どちらも「めぐみ」という意味。

2 〔 オ 〕

無尽：尽きることがないこと。
構成 無 × 尽 打消
尽きることがない。

3 〔 ア 〕

巡回：(何らかの目的のために)場所を順にまわること。
構成 巡 ＝＝ 回 同義
どちらも「まわる」という意味。

4 〔 ウ 〕

即答：その場ですぐに答えること。
構成 即 ─→ 答 修飾
即、答える。

5 〔 イ 〕

功罪：一つの物事のよい面と悪い面。
構成 功 ←→ 罪 対義
「功績」と「罪」、反対の意味。

6 〔 エ 〕

耐火：火熱に耐えること。燃えにくいこと。
構成 耐 ←─ 火 目的
火に耐える。

7 〔 ウ 〕

帰途：帰り道。
構成 帰 ─→ 途 修飾
帰る途中。

8 〔 エ 〕

拍手：てのひらを合わせ打って鳴らすこと。
構成 拍 ←─ 手 目的
手をたたく。拍は「うつ」という意味。

9 〔 ウ 〕

空欄：何も書いてない空白の部分。
構成 空 ─→ 欄 修飾
空いた欄。

10 〔 エ 〕

禁煙：たばこを吸うことを禁止すること。
構成 禁 ←─ 煙 目的
たばこを禁ずる。「煙」は「たばこ」のことを表す。

読み
同音・同訓異字
漢字識別
熟語の構成
部首
対義語・類義語
送りがな
四字熟語
誤字訂正
書き取り

熟語の構成⑤

熟語の構成のしかたには □□□ 内の**ア〜オ**のようなものがある。
次の熟語は □□□ 内の**ア〜オ**のどれにあたるか、**一つ**選び、**記号**で答えよ。

□□ 1　舞踊　　　　　　　　　　　　　　　[　　]

□□ 2　騒音　　　　　　　　　　　　　　　[　　]

□□ 3　微量　　　　　　　　　　　　　　　[　　]

□□ 4　利害　　　　　　　　　　　　　　　[　　]

□□ 5　失脚　　　　　　　　　　　　　　　[　　]

□□ 6　経緯　　　　　　　　　　　　　　　[　　]

□□ 7　鋭敏　　　　　　　　　　　　　　　[　　]

□□ 8　越権　　　　　　　　　　　　　　　[　　]

□□ 9　無恥　　　　　　　　　　　　　　　[　　]

□□ 10　歓声　　　　　　　　　　　　　　　[　　]

ア　同じような意味の漢字
　　を重ねたもの
　　　　　　　　（岩石）

イ　反対または対応の意味
　　を表す字を重ねたもの
　　　　　　　　（高低）

ウ　前の字が後の字を修飾
　　しているもの
　　　　　　　　（洋画）

エ　後の字が前の字の目的
　　語・補語になっている
　　もの　　　　（着席）

オ　前の字が後の字の意味
　　を打ち消しているもの
　　　　　　　　（非常）

標準解答　　　　　　解　説

1 〔 ア 〕
舞踊：音楽に合わせて、手足や体を動かすこと。
構成 舞＝＝踊 同義
どちらも「おどる」という意味。

2 〔 ウ 〕
騒音：うるさく感じる音。さわがしい音。
構成 騒━→音 修飾
騒がしい音。

3 〔 ウ 〕
微量：きわめてわずかな量。
構成 微━→量 修飾
わずかな量。微は「わずか」という意味。

4 〔 イ 〕
利害：利益と損害。得と損。
構成 利←→害 対義
「利益」と「損害」、反対の意味。

5 〔 エ 〕
失脚：失敗して地位や立場を失うこと。
構成 失←━脚 目的
立場（脚）を失う。

6 〔 イ 〕
経緯：たてとよこ。転じて、いきさつ。
構成 経←→緯 対義
「縦糸」と「横糸」、反対の意味。

7 〔 ア 〕
鋭敏：才知が鋭く判断がすばやいこと。
構成 鋭＝＝敏 同義
どちらも「するどい」という意味。

8 〔 エ 〕
越権：与えられた権限以上のことにくちを出すこと。
構成 越←━権 目的
権限を越える。

9 〔 オ 〕
無恥：恥を恥とも思わないこと。
構成 無 × 恥 打消
恥がない。

10 〔 ウ 〕
歓声：よろこびのあまりに上げる大声。
構成 歓━→声 修飾
よろこび（歓）の声。

読み

同音・同訓異字

漢字識別

熟語の構成

部首

対義語・類義語

送りがな

四字熟語

誤字訂正

書き取り

部首①

次の漢字の**部首**を**ア〜エ**から**一つ**選び、**記号**で答えよ。

☐☐ 1 雅 (ア 二 イ エ ウ 隹 エ イ) [　]

☐☐ 2 腰 (ア 女 イ 覀 ウ 罒 エ 月) [　]

☐☐ 3 箇 (ア 口 イ 𥫗 ウ 十 エ 口) [　]

☐☐ 4 勧 (ア 二 イ カ ウ ノ エ 隹) [　]

☐☐ 5 環 (ア 王 イ 罒 ウ 口 エ 一) [　]

☐☐ 6 響 (ア 幺 イ 阝 ウ 音 エ 日) [　]

☐☐ 7 圏 (ア 大 イ 己 ウ 二 エ 口) [　]

☐☐ 8 煮 (ア 耂 イ 土 ウ 日 エ 灬) [　]

☐☐ 9 舟 (ア 、 イ 舟 ウ 一 エ 冂) [　]

☐☐10 薪 (ア 艹 イ 立 ウ 木 エ 斤) [　]

標準解答   解 説

1 [ウ]　部首(部首名) 隹 (ふるとり)
　🖊 隹の漢字例：離、雌、難 など

2 [エ]　部首(部首名) 月 (にくづき)
　🖊 月の漢字例：脚、腕、腸 など

3 [イ]　部首(部首名) ⺮ (たけかんむり)
　🖊 ⺮の漢字例：範、簡、筋 など

4 [イ]　部首(部首名) 力 (ちから)
　🖊 力の漢字例：勤、効 など

5 [ア]　部首(部首名) 𤣩 (おうへん・たまへん)
　🖊 𤣩の漢字例：珍、班、現 など

6 [ウ]　部首(部首名) 音 (おと)
　🖊 音の漢字例：音 など

7 [エ]　部首(部首名) 囗 (くにがまえ)
　🖊 囗の漢字例：困、囲、因 など

8 [エ]　部首(部首名) 灬 (れんが・れっか)
　🖊 灬の漢字例：為、烈、熊 など

9 [イ]　部首(部首名) 舟 (ふね)
　🖊 常用漢字で舟を部首とする漢字は舟のみ。

10 [ア]　部首(部首名) ⺿ (くさかんむり)
　🖊 ⺿の漢字例：芋、菓、蒸 など

読み
同音・同訓異字
漢字識別
熟語の構成
部首
対義語・類義語
送りがな
四字熟語
誤字訂正
書き取り

※辞典や参考書により、部首や部首名の表記が異なる場合がありますが、「漢検」では定められた
部首・部首名で解答する必要があります。採点基準は巻頭ページをご覧ください。

45

部首②

次の漢字の**部首**を**ア～エ**から**一つ**選び、**記号**で答えよ。

□□ 1 燥 （ ア 口 イ 人 ウ 火 エ 木 ） 〔 　 〕

□□ 2 疲 （ ア 丶 イ 疒 ウ 皮 エ 又 ） 〔 　 〕

□□ 3 賦 （ ア 弋 イ 一 ウ 止 エ 貝 ） 〔 　 〕

□□ 4 帽 （ ア 目 イ 日 ウ 巾 エ 丨 ） 〔 　 〕

□□ 5 盆 （ ア ハ イ 刀 ウ 罒 エ 皿 ） 〔 　 〕

□□ 6 粒 （ ア 木 イ 立 ウ 米 エ 亠 ） 〔 　 〕

□□ 7 郎 （ ア 丨 イ 日 ウ 阝 エ 丶 ） 〔 　 〕

□□ 8 覧 （ ア 臣 イ ル ウ 目 エ 見 ） 〔 　 〕

□□ 9 雑 （ ア 木 イ ノ ウ 丨 エ 隹 ） 〔 　 〕

□□ 10 噴 （ ア 十 イ 貝 ウ 口 エ 目 ） 〔 　 〕

標準解答　　　　　解　説

1 [ウ]　**部首(部首名)** 火（ひへん）
　　✏ 火の漢字例：煙、爆、燃　など

2 [イ]　**部首(部首名)** 疒（やまいだれ）
　　✏ 疒の漢字例：療、痛、病　など

3 [エ]　**部首(部首名)** 貝（かいへん）
　　✏ 貝の漢字例：販、貯、財　など

4 [ウ]　**部首(部首名)** 巾（はばへん・きんべん）
　　✏ 巾の漢字例：幅、帳　など

5 [エ]　**部首(部首名)** 皿（さら）
　　✏ 皿の漢字例：監、盛、盟　など

6 [ウ]　**部首(部首名)** 米（こめへん）
　　✏ 米の漢字例：糖、精、粉　など

7 [ウ]　**部首(部首名)** 阝（おおざと）
　　✏ 阝の漢字例：郷、郵、郡　など

8 [エ]　**部首(部首名)** 見（みる）
　　✏ 見の漢字例：視、規、観　など

9 [エ]　**部首(部首名)** 隹（ふるとり）
　　✏ 隹の漢字例：離、雌、難　など

10 [ウ]　**部首(部首名)** 口（くちへん）
　　✏ 口の漢字例：叫、咲、吐　など

読み
同音・同訓異字
漢字識別
熟語の構成
部首
対義語・類義語
送りがな
四字熟語
誤字訂正
書き取り

47

対義語・類義語①

内のひらがなを漢字に直して□に入れ、**対義語・類義語**を作れ。　内のひらがなは一度だけ使い、**漢字一字**で答えよ。

対義語

□□ 1　序盤―□盤　　　　〔　　〕

□□ 2　強固―柔□　　　　〔　　〕

□□ 3　建設―□壊　　　　〔　　〕

□□ 4　在宅―□守　　　　〔　　〕

□□ 5　回避―直□　　　　〔　　〕

類義語

□□ 6　値段―価□　　　　〔　　〕

□□ 7　支度―□備　　　　〔　　〕

□□ 8　近隣―周□　　　　〔　　〕

□□ 9　看病―介□　　　　〔　　〕

□□ 10　興奮―□狂　　　　〔　　〕

かく
ご
じゃく
しゅう
じゅん
ねっ
は
へん
めん
る

	標準解答	解 説
1	終	序盤：物事のはじめの段階。 終盤：物事のおわりに近い段階。
2	弱	強固：しっかりしているさま。強くてかたいさま。 柔弱：意志や体力がひよわなさま。
3	破	建設：新しく建物や組織などをつくること。 破壊：こわすこと。こわれること。
4	留	在宅：家にいること。 留守：外出していて家にいないこと。
5	面	回避：身をかわして逃れること。 直面：直接に対すること。めんと向かうこと。
6	格	値段：売買する物に定められた代価。 価格：物の価値を金額で表したもの。
7	準	支度：物事に必要なものをそろえること。 準備：物事を行うにあたって用意すること。
8	辺	近隣：近いところ。となり近所。 周辺：中心をめぐるまわりのこと。
9	護	看病：病人につきそい世話をすること。 介護：老人や病人などを介抱し世話をすること。
10	熱	興奮：神経や諸器官のはたらきが活発になること。 熱狂：非常に興奮し夢中になるさま。

読み

同音・同訓異字

漢字識別

熟語の構成

部首

対義語・類義語

送りがな

四字熟語

誤字訂正

書き取り

49

対義語・類義語②

内のひらがなを漢字に直して□に入れ、**対義語・類義語**を作れ。　内のひらがなは一度だけ使い、**漢字一字**で答えよ。

□□ 1	対義語	巨大ー微□	〔　〕
□□ 2		逃走ー□跡	〔　〕
□□ 3		厳寒ー猛□	〔　〕
□□ 4		先祖ー子□	〔　〕
□□ 5		執着ー断□	〔　〕
□□ 6	類義語	堤防ー□手	〔　〕
□□ 7		永眠ー□界	〔　〕
□□ 8		反撃ー□襲	〔　〕
□□ 9		最初ー冒□	〔　〕
□□ 10		対照ー比□	〔　〕

かく
ぎゃく
さい
しょ
そん
た
つい
ど
とう
ねん

標準解答　　　解説

1 [細]
巨大：非常に大きいこと。
微細：非常にこまかいこと。

2 [追]
逃走：捕らえられている状態から逃げ出すこと。
追跡：あとをおいかけること。

3 [暑]
厳寒：厳しい寒さ。
猛暑：あつさが激しいこと。

4 [孫]
先祖：その家の血筋の最初の人。
子孫：子やまご。

5 [念]
執着：あることに心が強くとらわれること。
断念：きっぱりとあきらめること。

6 [土]
堤防：海、河川などの水の浸入を防ぐためにコンクリートで造られた構築物。
土手：水害を防ぐためにつちを高く積んだ所。

7 [他]
永眠：永遠に眠る意で、死ぬこと。
他界：人が死ぬこと。

8 [逆]
反撃：攻められていた者が反対に相手を攻めること。
逆襲：攻められていた者が反対に攻撃すること。

9 [頭]
最初：いちばんはじめ。
冒頭：物事のはじめ。前置き。

10 [較]
対照：二つのものを照らし合わせること。
比較：二つ以上のものを照らし合わせて、その優劣や異同を比べること。

読み

同音・同訓異字

漢字識別

熟語の構成

部首

対義語・類義語

送りがな

四字熟語

誤字訂正

書き取り

対義語・類義語③

内のひらがなを漢字に直して□に入れ、**対義語・類義語**を作れ。　　　内のひらがなは一度だけ使い、**漢字一字**で答えよ。

	対義語		
□□ 1		年頭－歳□	〔　　〕
□□ 2		病弱－丈□	〔　　〕
□□ 3		沈殿－□遊	〔　　〕
□□ 4		希薄－濃□	〔　　〕
□□ 5		不和－円□	〔　　〕

	類義語		
□□ 6		及第－合□	〔　　〕
□□ 7		加勢－応□	〔　　〕
□□ 8		本気－真□	〔　　〕
□□ 9		入手－獲□	〔　　〕
□□ 10		天性－素□	〔　　〕

えん
かく
けん
しつ
とく
ふ
ぶ
まつ
まん
みつ

標準解答 | 解説

1 [末]
年頭：年のはじめ。年始。年初。
歳末：一年の終わり。年の暮れ。

2 [夫]
病弱：体が弱くて病気になりやすいこと。
丈夫：健康に恵まれているさま。

3 [浮]
沈殿：液体に混じっているものが底に沈むこと。
浮遊：水面や空中にふわふわとうかぶこと。

4 [密]
希薄：少なかったり薄かったりするさま。
濃密：すきまがなくて、細やかなさま。

5 [満]
不和：仲が悪いこと。
円満：みち足りているさま。

6 [格]
及第：試験などに受かること。一定の条件をみたすこと。
合格：試験や検査などに受かること。

7 [援]
加勢：人に力を貸すこと。また、その人。
応援：力を貸すこと。

8 [剣]
本気：遊びやじょうだんでない、本当の気持ち。
真剣：全力で物事に取り組む様子。

9 [得]
入手：手に入れること。
獲得：努力して手に入れること。

10 [質]
天性：ある才能を生まれながらに持っていること。
素質：人が生まれつき持っている能力。

読み
同音・同訓異字
漢字識別
熟語の構成
部首
対義語・類義語
送りがな
四字熟語
誤字訂正
書き取り

53

対義語・類義語④

内のひらがなを漢字に直して□に入れ、**対義語・類義語**を作れ。内のひらがなは一度だけ使い、**漢字一字**で答えよ。

	問題	解答
□□ 1	定期－□時	〔　　〕
□□ 2	決定－保□	〔　　〕
□□ 3	強固－薄□	〔　　〕
□□ 4	繁雑－簡□	〔　　〕
□□ 5	困難－容□	〔　　〕
□□ 6	理由－□拠	〔　　〕
□□ 7	守備－□御	〔　　〕
□□ 8	不朽－□遠	〔　　〕
□□ 9	尋常－普□	〔　　〕
□□ 10	健康－□夫	〔　　〕

対義語（1〜5）
類義語（6〜10）

い
えい
こん
じゃく
じょう
つう
ぼう
りゃく
りゅう
りん

54

<table>
<thead>
<tr><th>標準解答</th><th>解　説</th></tr>
</thead>
<tbody>
<tr><td>1 〔 臨 〕</td><td>定期：物事が行われる時期が定まっていること。
臨時：その時にのぞんで特別に行うこと。</td></tr>
<tr><td>2 〔 留 〕</td><td>決定：物事をはっきり決めること。
保留：すぐには決めずに先にのばすこと。</td></tr>
<tr><td>3 〔 弱 〕</td><td>強固：しっかりしているさま。
薄弱：精神力や体力などがよわいこと。</td></tr>
<tr><td>4 〔 略 〕</td><td>繁雑：物事が多くて、わずらわしいさま。
簡略：細かい点が省かれ、簡単なさま。</td></tr>
<tr><td>5 〔 易 〕</td><td>困難：やりとげるのが苦しく難しいこと。
容易：簡単なこと。</td></tr>
<tr><td>6 〔 根 〕</td><td>理由：ある結果が生じた原因。
根拠：よりどころ。物事を成り立たせるもとになるもの。</td></tr>
<tr><td>7 〔 防 〕</td><td>守備：守りの備えをすること。
防御：ふせぎ守ること。</td></tr>
<tr><td>8 〔 永 〕</td><td>不朽：朽ちることなく、後の世まで残ること。
永遠：いつまでもながく果てしないこと。</td></tr>
<tr><td>9 〔 通 〕</td><td>尋常：あたりまえであること。人並みであること。
普通：特に変わっておらず、ありふれていること。</td></tr>
<tr><td>10 〔 丈 〕</td><td>健康：心身がすこやかなこと。
丈夫：身に少しの病気、損傷もなく、元気であるさま。</td></tr>
</tbody>
</table>

読み

同音・同訓異字

漢字識別

熟語の構成

部首

対義語・類義語

送りがな

四字熟語

誤字訂正

書き取り

対義語・類義語⑤

内のひらがなを漢字に直して□に入れ、**対義語・類義語**を作れ。　内のひらがなは一度だけ使い、**漢字一字**で答えよ。

		対義語	
□□ 1	継続－中□		[　　]
□□ 2	人造－天□		[　　]
□□ 3	客席－舞□	対義語	[　　]
□□ 4	軽率－慎□		[　　]
□□ 5	専任－兼□		[　　]
□□ 6	備蓄－貯□		[　　]
□□ 7	運搬－□送		[　　]
□□ 8	周到－□密	類義語	[　　]
□□ 9	雑踏－□雑		[　　]
□□ 10	名誉－□光		[　　]

えい
こん
し
ぞう
たい
ちょう
ねん
む
めん
ゆ

標準解答　解説

1 [止]
継続：それまでの状態が続くこと。また、続けること。
中止：進行途中でやめること。

2 [然]
人造：人間が作ること。また、作ったもの。
天然：人の手が加わっていない状態。

3 [台]
客席：客の座る席。
舞台：演技や演奏、芸能などを行い、観客に見せるための高い場所。

4 [重]
軽率：よく考えずに物事を行うさま。
慎重：注意深くて軽はずみなことをしないこと。

5 [務]
専任：ある仕事だけをもっぱら受け持つこと。
兼務：二つ以上の仕事をかねること。

6 [蔵]
備蓄：万が一のために、蓄えること。
貯蔵：物を蓄えておくこと。

7 [輸]
運搬：物を運ぶこと。運び移すこと。
輸送：船や車などで人や物を大量に運び送ること。

8 [綿]
周到：手落ちがなく行き届いていること。
綿密：細かいところまで注意が行き届いていること。

9 [混]
雑踏：多くの人数でこみ合うこと。
混雑：多くの人や物が無造作に集まり、こみ合っているさま。

10 [栄]
名誉：優れていると認められ、高い評価を受けること。
栄光：輝かしい誉れ。

読み

同音・同訓異字

漢字識別

熟語の構成

部首

対義語・類義語

送りがな

四字熟語

誤字訂正

書き取り

送りがな①

次の——線の**カタカナ**を**漢字一字**と**送りがな（ひらがな）**に直せ。
〈例〉問題に**コタエル**。〔 答える 〕

□□ 1 海を<u>ワタル</u>鳥の鳴き声を聞く。　　　〔　　　　　〕

□□ 2 この仕事は注意を<u>ハラウ</u>必要がある。〔　　　　　〕

□□ 3 庭仕事をして手が<u>ヨゴレル</u>。　　　　〔　　　　　〕

□□ 4 批判は<u>アマンジ</u>て受け入れる。　　　〔　　　　　〕

□□ 5 一人前の大人として<u>アツカウ</u>。　　　〔　　　　　〕

□□ 6 自分のアイデアを<u>ヌスマ</u>れた。　　　〔　　　　　〕

□□ 7 先生は実験方法の注意を<u>アタエ</u>た。　〔　　　　　〕

□□ 8 口実を<u>モウケ</u>て会う機会をつくる。　〔　　　　　〕

□□ 9 <u>イキオイ</u>よくドアを開けた。　　　　〔　　　　　〕

□□ 10 将来性<u>ユタカナ</u>好青年に出会う。　　〔　　　　　〕

標準解答　　　　　解　説

1 [渡る]
渡る：水の上を対岸へ行く。海を越えて移動する。
他の例 渡す

2 [払う]
払う：心をそちらに向ける。

3 [汚れる]
汚れる：きたなくなる。
他の例 汚す、汚い　など

4 [甘んじ]
甘んじる：あたえられたものが不十分でも受け入れる。
他の例 甘える、甘やかす

5 [扱う]
扱う：ある状態にあるとみなす。

6 [盗ま]
盗む：ひそかにまねて自分のものとする。
ある✗ 盗まれ…──線部分がどこまでかをよく確認しよう。

7 [与え]
与える：相手のためになるものを提供する。

8 [設け]
設ける：準備する。事前にととのえる。
ある✗ 設けて…──線部分がどこまでかをよく確認しよう。

9 [勢い]
勢い：運動にともなって生じる力や速度。

10 [豊かな]
豊かだ：満ち足りて不足のないさま。

読み

同音・同訓異字

漢字識別

熟語の構成

部首

対義語・類義語

送りがな

四字熟語

誤字訂正

書き取り

送りがな②

次の——線の**カタカナ**を**漢字一字**と**送りがな**（**ひらがな**）に直せ。
〈例〉問題に**コタエル**。〔 答える 〕

□□ 1 疲れ<u>ハテル</u>まで何時間も踊り続ける。〔　　　〕

□□ 2 キツネが人を<u>バカス</u>昔話を読む。〔　　　〕

□□ 3 助け合いの精神を<u>ヤシナウ</u>。〔　　　〕

□□ 4 太陽が雲の間に<u>カクレル</u>。〔　　　〕

□□ 5 のどに魚の小骨が<u>ササル</u>。〔　　　〕

□□ 6 冬が<u>オトズレル</u>ころに会おう。〔　　　〕

□□ 7 出発前に忘れ物がないか<u>タシカメ</u>た。〔　　　〕

□□ 8 電線にカラスが<u>ムラガッ</u>ている。〔　　　〕

□□ 9 <u>タガイ</u>の長所を認め合う。〔　　　〕

□□ 10 会って<u>コノマシイ</u>印象を受けた。〔　　　〕

標準解答 　　　　　　解　説

1 [果てる]
果てる：すっかり〜する。〜し終わる。
他の例 果たす、果て

2 [化かす]
化かす：人をだまして迷わせる。
他の例 化ける

3 [養う]
養う：体力や精神力などをきたえてつくりあげる。

4 [隠れる]
隠れる：外から見えなくなる。
他の例 隠す

5 [刺さる]
刺さる：先のとがったものがほかのものに突き立つ。
他の例 刺す

6 [訪れる]
訪れる：やって来る。
他の例 訪ねる

7 [確かめ]
確かめる：あやふやな点を調べてはっきりさせる。
他の例 確か

8 [群がっ]
群がる：人や動植物が一か所に多く集まる。
他の例 群れる、群れ

9 [互い]
互い：かかわりあう両者。それぞれ。

10 [好ましい]
好ましい：感覚的にすきである。感じがよい。
他の例 好く

読み
同音・同訓異字
漢字識別
熟語の構成
部首
対義語・類義語
送りがな
四字熟語
誤字訂正
書き取り

送りがな③

次の──線の**カタカナ**を**漢字一字**と**送りがな（ひらがな）**に直せ。
〈例〉問題に**コタエル**。〔 答える 〕

☐☐ **1** 友人に授業のノートを<u>カリル</u>。　〔　　　　〕

☐☐ **2** 彼女の誕生日を盛大に<u>イワウ</u>。　〔　　　　〕

☐☐ **3** 兄は得意気に胸を<u>ソラシ</u>た。　〔　　　　〕

☐☐ **4** 相手の弱みを<u>ニギッ</u>ている。　〔　　　　〕

☐☐ **5** 子どものいたずらを<u>イマシメル</u>。　〔　　　　〕

☐☐ **6** ぬれたタオルを<u>カワカス</u>。　〔　　　　〕

☐☐ **7** 参加費用に食事代を<u>フクメル</u>。　〔　　　　〕

☐☐ **8** ラッパの音が<u>ヒビイ</u>てくる。　〔　　　　〕

☐☐ **9** 物音に気づき<u>アタリ</u>を見回した。　〔　　　　〕

☐☐ **10** のどから手が出るほど水が<u>ホシイ</u>。　〔　　　　〕

1回目	2回目
／10問	／10問

	標準解答	解　説	
1	借りる	借りる：返すことを前提にして、他人のものを一時使う。	読み
2	祝う	祝う：めでたいことを喜ぶ。	同音・同訓異字
3	反らし	反らす：体を後ろの方へ弓なりに曲げる。 **他の例** 反る	漢字識別
4	握っ	握る：権力や秘密などを自分のものにする。 **ここ✕** 握って…──線部分がどこまでかをよく確認しよう。	熟語の構成
5	戒める	戒める：あやまちをしないように注意を与える。	部首
6	乾かす	乾かす：日光などに当てて、ぬれたものやしめったものの水分を取り去る。 **他の例** 乾く	対義語・類義語
7	含める	含める：ある範囲の中に入れて、まとめて扱う。 **他の例** 含む	送りがな
8	響い	響く：音が広がり伝わる。鳴り渡る。	四字熟語
9	辺り	辺り：付近。近くの場所。また、その周囲。	誤字訂正
10	欲しい	欲しい：自分のものにしたい。	書き取り

送りがな④

次の──線の**カタカナ**を**漢字一字**と送りがな（**ひらがな**）に直せ。
〈例〉問題に**コタエル**。〔 答える 〕

□□ **1** ビンを**カタムケ**てジュースを注ぐ。 〔　　　　〕

□□ **2** 会社に新人を**ムカエル**。 〔　　　　〕

□□ **3** 空き家の庭が**アレル**。 〔　　　　〕

□□ **4** これから先生のお宅に**ウカガウ**。 〔　　　　〕

□□ **5** 一日かけて観光地を**メグッ**た。 〔　　　　〕

□□ **6** 展示物に**サワラ**ないでください。 〔　　　　〕

□□ **7** ベビーベッドに赤ちゃんを**ネカス**。 〔　　　　〕

□□ **8** 郷里の友人と**ヒサシク**会っていない。 〔　　　　〕

□□ **9** **スルドイ**まなざしで相手を見る。 〔　　　　〕

□□ **10** **クワシイ**事情はわかりません。 〔　　　　〕

標準解答　　　　　　解　説

1 [傾け]　傾ける：物を斜めにする。
他の例 傾く

2 [迎える]　迎える：来るのを待ち受ける。

3 [荒れる]　荒れる：土地や家などがさびれる。
他の例 荒い、荒らす

4 [伺う]　伺う：「訪れる」の謙譲語。
✎「聞く」「問う」の謙譲語でもある。

5 [巡っ]　巡る：見まわる。まわり歩く。

6 [触ら]　触る：ふれる。あたる。
他の例 触れる

7 [寝かす]　寝かす：ねるようにする。
他の例 寝る

8 [久しく]　久しい：時間が長い間続くさま。

9 [鋭い]　鋭い：激しく迫るさま。突きささるような勢いであるさま。すばやい。

10 [詳しい]　詳しい：非常に細かいところまで明らかなさま。

四字熟語①

文中の**四字熟語**の——線の**カタカナ**を**漢字一字**に直せ。

□□ 1 自然界は**適者生ゾン**の世界だ。 〔　　　〕

□□ 2 私と姉とは**イ心伝心**の仲だ。 〔　　　〕

□□ 3 **空前絶ゴ**の出来事に教室はわいた。 〔　　　〕

□□ 4 試合で**縦横無ジン**に活躍した。 〔　　　〕

□□ 5 入門当初は**悪戦苦トウ**の毎日だった。 〔　　　〕

□□ 6 **キョウ味本位**で集まりに参加する。 〔　　　〕

□□ 7 **三寒四オン**の日々が続く。 〔　　　〕

□□ 8 **弱肉キョウ食**の世界を生き抜く。 〔　　　〕

□□ 9 **私利私ヨク**におぼれ信用を失う。 〔　　　〕

□□ 10 **リン機応変**なものの考え方をする。 〔　　　〕

標準解答	解説
1 [存]	適者生存：環境に最も適したものだけが生き残って子孫を残しうること。
2 [以]	以心伝心：文字や言葉によらず心と心で通じ合うこと。 ✎ もとは仏教の言葉。
3 [後]	空前絶後：とても珍しいこと。 ✎ 「空前」はその前に例がないこと、「絶後」はそのあとに同じ例は見られないこと。
4 [尽]	縦横無尽：自由自在に振る舞うさま。 ✎ 「無尽」はつきることがないという意味。
5 [闘]	悪戦苦闘：困難を乗り切るために必死に努力すること。 ✎ もとは、苦しい戦いのこと。
6 [興]	興味本位：おもしろいかどうかだけを判断の基準にすること。 ✎ 「本位」は基準となるものという意味。
7 [温]	三寒四温：寒かったり暖かかったりすること。 ✎ 寒暖の周期を表す語。
8 [強]	弱肉強食：弱い者がつよい者のぎせいにされること。
9 [欲]	私利私欲：自分の利益を追求し、ひたすらそれを満たそうとすること。 ✎ 私的な利益と私的な望みという意味。
10 [臨]	臨機応変：状況や事態の変化に応じて適切な処置をすること。 ✎ 「臨機」はその場にのぞむことという意味。

読み

同音・同訓異字

漢字識別

熟語の構成

部首

対義語・類義語

送りがな

四字熟語

誤字訂正

書き取り

四字熟語②

文中の**四字熟語**の──線の**カタカナ**を**漢字一字**に直せ。

□□ 1 牛飲<u>バ</u>食は体に悪い。 [　　　]

□□ 2 <u>シタ</u>先三寸でごまかされた。 [　　　]

□□ 3 <u>ゴク</u>悪非道な事件が起きる。 [　　　]

□□ 4 <u>ズ</u>寒足熱は体によいという。 [　　　]

□□ 5 しばらくは**現状**<u>イ</u>**持**に努める。 [　　　]

□□ 6 延々と**無味**<u>カン</u>**燥**な講義が続いた。 [　　　]

□□ 7 チームの初勝利に<u>キョウ</u>喜乱舞した。[　　　]

□□ 8 ライバルに**真**<u>ケン</u>**勝負**をいどむ。 [　　　]

□□ 9 **即**<u>ダン</u>**即決**でトラブルに対応する。 [　　　]

□□ 10 店の客足が落ちて**青息**<u>ト</u>**息**だ。 [　　　]

標準解答　　　　解　説

1 [馬]　牛飲馬食（ぎゅういんばしょく）：やたらと飲み食いすること。
✎ ウシが水を飲むように飲み、ウマが草を食べるようにたくさん食べるという意味。

2 [舌]　舌先三寸（したさきさんずん）：くちさきだけで誠実さがないこと。

3 [極]　極悪非道（ごくあくひどう）：この上なく悪く道理に外れていること。
✎ 「非道」は道理などに反していること。

4 [頭]　頭寒足熱（ずかんそくねつ）：あたまを冷たくして、足を温かくすること。

5 [維]　現状維持（げんじょういじ）：今の状態のままで変化しないこと。
✎ 「維持」は同じ状態で持ちこたえることという意味。

6 [乾]　無味乾燥（むみかんそう）：内容がなく、味わいやおもしろみがないさま。
✎ 「無味」は味わいがないという意味。

7 [狂]　狂喜乱舞（きょうきらんぶ）：非常に喜ぶこと。
✎ 「乱舞」は入り乱れて踊ること。

8 [剣]　真剣勝負（しんけんしょうぶ）：本気で勝負をしたり、行動したりすること。

9 [断]　即断即決（そくだんそっけつ）：間を置かずに決めること。
✎ 即は、すぐに、という意味。

10 [吐]　青息吐息（あおいきといき）：困ったときや苦労しているときにはくため息。
✎ 「青息」は苦しいときにつくため息のこと。

読み

同音・同訓異字

漢字識別

熟語の構成

部首

対義語・類義語

送りがな

四字熟語

誤字訂正

書き取り

四字熟語③

文中の**四字熟語**の——線の**カタカナ**を**漢字一字**に直せ。

1 実際に見るまでは**半シン半疑**だった。 [   ]

2 **起ショウ転結**のはっきりした文章だ。 [   ]

3 **七ナン八苦**をものともしない。 [   ]

4 **古コン東西**の名著を集める。 [   ]

5 ここは**地盤チン下**の可能性がある。 [   ]

6 兄は**明ロウ快活**な性格だ。 [   ]

7 **利ガイ得失**を考慮する。 [   ]

8 **人面ジュウ心**の犯人を許さない。 [   ]

9 師の教えを**キン科玉条**と心得ている。 [   ]

10 外国から**門戸カイ放**を迫られる。 [   ]

1回目	2回目
/10問	/10問

▶▶▶ 1章
▶▶▶ 2章
▶▶▶ 3章

標準解答　　　解説

読み

1 [信]
半信半疑：本当かどうか判断に迷うこと。
✎ 半分しんじて半分疑うこと。

同音・同訓異字

2 [承]
起承転結：文章の構成法や物事の順序のこと。

漢字識別

3 [難]
七難八苦：あらゆる災いや苦労のこと。

熟語の構成

4 [今]
古今東西：昔からいままで、あらゆる場所で。

5 [沈]
地盤沈下：地面がしずんで、地面の高さが低くなる現象。

部首

6 [朗]
明朗快活：明るくほがらかで生き生きとしている様子。
✎ 「明朗」は明るくほがらかなさま。

対義語・類義語

7 [害]
利害得失：自分の利益になることと損失になること。

送りがな

8 [獣]
人面獣心：人情を知らない、思いやりのない人間のたとえ。
✎ 顔は人間だが心はけものに等しい人の意味。

四字熟語

9 [金]
金科玉条：いちばん大切な決まりや教え。
✎ 「金」「玉」は大切なもの、「科」「条」は決まりや法律を表す。

誤字訂正

10 [開]
門戸開放：制限をなくし、自由にすること。
✎ 門戸をあけ放って出入りを自由にするという意味から。

書き取り

四字熟語④

文中の**四字熟語**の——線の**カタカナ**を**漢字一字**に直せ。

☐☐ 1 後期試験で**汚名ヘン**上した。　　　　〔　　　　〕

☐☐ 2 **山シ水明**の景勝の地を訪れた。　　　〔　　　　〕

☐☐ 3 思えば**七テン八起**の人生だった。　　〔　　　　〕

☐☐ 4 **一罰百カイ**の意味で彼をしかる。　　〔　　　　〕

☐☐ 5 問題解決の**ミョウ計奇策**を思いつく。〔　　　　〕

☐☐ 6 うわさ話を聞き**疑心暗キ**となる。　　〔　　　　〕

☐☐ 7 **二人三キャク**で難局を乗り切る。　　〔　　　　〕

☐☐ 8 **キョウ天動地**の大事件が起こった。　〔　　　　〕

☐☐ 9 **昼夜ケン行**で救護活動を行う。　　　〔　　　　〕

☐☐ 10 自然災害は**不可コウ力**である。　　　〔　　　　〕

標準解答 | 解 説

1 [返]
汚名返上：優れた働きやよい結果を出すことで、世間に知られている不名誉な評判をなくすこと。

2 [紫]
山紫水明：自然の景色がとても美しいこと。
✎ 山がむらさきにかすみ、川の流れが澄みきって美しく見えるという意味から。

3 [転]
七転八起：失敗を重ねても、くじけることなくがんばること。
✎ 七回ころんで、八回起きること。

4 [戒]
一罰百戒：罪を犯した一人を罰することで、ほかの大勢のいましめにすること。
✎ 一つの罰で百のいましめにするという意味。

5 [妙]
妙計奇策：人の意表をついた奇抜で優れたはかりごと。
✎ 「妙計」は優れた計略のこと。

6 [鬼]
疑心暗鬼：疑う気持ちが強くなると、小さなことまで疑わしく感じるようになること。

7 [脚]
二人三脚：二人で力を合わせて一つのことをすることのたとえ。

8 [驚]
驚天動地：世間をびっくりさせること。
✎ 天をおどろかせ、地をゆり動かすという意味から。

9 [兼]
昼夜兼行：昼も夜も休まず仕事をすること。
✎ 「兼行」は昼と夜をかねて行うという意味。二日の道のりを一日で行くという意味もある。

10 [抗]
不可抗力：避けられない、逆らうことのできない力。

読み
同音・同訓異字
漢字識別
熟語の構成
部首
対義語・類義語
送りがな
四字熟語
誤字訂正
書き取り

73

四字熟語⑤

文中の**四字熟語**の──線の**カタカナ**を**漢字一字**に直せ。

☐☐ **1** **論シ明快**な主張でわかりやすい。　［　　　　　］

☐☐ **2** **優ジュウ不断**な性格を直したい。　［　　　　　］

☐☐ **3** **キ想天外**なアイデアに驚いた。　［　　　　　］

☐☐ **4** 警察が密輸団を**一網打ジン**にした。　［　　　　　］

☐☐ **5** 客観的に**ゼ非曲直**の判断をする。　［　　　　　］

☐☐ **6** 古都の**名所旧セキ**を訪ねる。　［　　　　　］

☐☐ **7** とても**容姿タン麗**な女優だった。　［　　　　　］

☐☐ **8** 初戦で大敗して**意気ショウ沈**する。　［　　　　　］

☐☐ **9** 新会社の船出は**ゼン途多難**だった。　［　　　　　］

☐☐ **10** 学生の遊び過ぎは**本末転トウ**だ。　［　　　　　］

標準解答　　　解　説

読み

1 〔 旨 〕
論旨明快：議論の要点がはっきりしているさま。
✎「明快」は筋道がはっきりしているさま。

同音・同訓異字

2 〔 柔 〕
優柔不断：気が弱く決断できないさま。
✎「不断」は決断力に欠けているという意味。

漢字識別

3 〔 奇 〕
奇想天外：ふつうでは思いつかないほど変わっているさま。
✎「天外」は思いがけない場所という意味。

熟語の構成

4 〔 尽 〕
一網打尽：ひとまとめに悪人を捕らえつくすことのたとえ。
✎ひと網で辺りの全ての魚を捕まえるの意から。

部首

5 〔 是 〕
是非曲直：物事の善悪、正不正のこと。
✎「是非」は正しいことと間違っていること。

対義語・類義語

6 〔 跡 〕
名所旧跡：すばらしい風景で知られている場所や、歴史的な出来事や建物があった場所。

送りがな

7 〔 端 〕
容姿端麗：姿かたちの美しいさま。
✎「端麗」は整っていて美しいさま。

四字熟語

8 〔 消 〕
意気消沈：元気をなくすこと。しょげかえること。
✎「消沈」は気力などがおとろえること。

誤字訂正

9 〔 前 〕
前途多難：行く先に多くの困難が予想されること。
✎「多難」は多くの困難や災難という意味。

書き取り

10 〔 倒 〕
本末転倒：大事なこととそうでないことを逆にすること。
✎根本と枝葉とを逆にする意から。

次の各文にまちがって使われている**同じ読みの漢字**が**一字**ある。
誤字と、**正しい漢字**を答えよ。

誤　　正

☐☐ 1　太平洋の沿岸部で貨物船が損傷する
　　　事故が起き燃料が留出した。　　　　〔　〕→〔　〕

☐☐ 2　古い町並みが残っている地域が伝統
　　　的建造物群保存地区に視定された。〔　〕→〔　〕

☐☐ 3　初めての海外旅行は異なる文化や食
　　　生活を知る貴重な体検だった。　　〔　〕→〔　〕

☐☐ 4　切迫した状況がたくみに評現された
　　　小説を読んだ。　　　　　　　　　〔　〕→〔　〕

☐☐ 5　熱帯地方の巨大なクモの生態を英像
　　　で記録していく。　　　　　　　　〔　〕→〔　〕

☐☐ 6　貴重な水産資現を守るため、サンマ
　　　の漁獲可能量に制限を設ける。　　〔　〕→〔　〕

☐☐ 7　少子化対作が打ち出されず、総人口
　　　は予測よりも早く減り始めた。　　〔　〕→〔　〕

☐☐ 8　顔立ちなどの身体的特徴を利用する
　　　本人覚認方法が日常化している。　〔　〕→〔　〕

☐☐ 9　野鳥の保互区内のいけすに小魚を放
　　　し、繁殖期のえさ不足を補う。　　〔　〕→〔　〕

☐☐ 10　地域の市民団体が自然監境や生物多
　　　様性を守るために外来種を駆除した。〔　〕→〔　〕

標準解答 　　　解　説

誤　　正

1 [留]→[流]　流出：外へながれでること。

2 [視]→[指]　指定：それとさし示して定めること。

3 [検]→[験]　体験：自分が身をもってけいけんすること。

4 [評]→[表]　表現：精神的なものを、言語・文字・色・音・形などであらわすこと。

5 [英]→[映]　映像：光線にうつし出された物体の姿形。また、画面にうつし出されたものや人。

6 [現]→[源]　資源：産業などの原材料となる物資。
✎ 天然のもののほか、労働力などにも言う。

7 [作]→[策]　対策：事に応じてとる手段や方法。

8 [覚]→[確]　確認：はっきりと認めること。また、はっきりとたしかめること。

9 [互]→[護]　保護：安全を保つように守ること。かばうこと。

10 [監]→[環]　環境：人間や他の生物の周囲にあり、影響を与える外界や状況。

誤字訂正②

次の各文にまちがって使われている**同じ読みの漢字**が**一字**ある。
誤字と、**正しい漢字**を答えよ。

誤　　正

□□ 1　豪雨で被災したバス路線が運行を最
　　　開し、沿線は歓喜にわき返った。　　〔　〕→〔　〕

□□ 2　大雨警報の発令にともない、多くの
　　　自治体が住民に避難仕示を出した。　〔　〕→〔　〕

□□ 3　日本の伝等工芸を支える名工たちの
　　　技術を紹介するテレビを見た。　　　〔　〕→〔　〕

□□ 4　絶大な人気を博した俳優が芸納会社
　　　の社長と話し合い、円満に退社した。〔　〕→〔　〕

□□ 5　エアコンより電力商費量が格段に少
　　　ない扇風機の販売台数が増える。　　〔　〕→〔　〕

□□ 6　野球部の合宿では以前からの過題で
　　　ある打撃力の強化に取り組む予定だ。〔　〕→〔　〕

□□ 7　防災訓連の目的は防災意識の向上を
　　　図ることと、必要な初動体制の確立だ。〔　〕→〔　〕

□□ 8　母校の大学が創立百週年の記念事業
　　　に、講堂の新築を計画している。　　〔　〕→〔　〕

□□ 9　市が病害虫の発生情報を農家に知ら
　　　せ、作物の生産の案定を助ける。　　〔　〕→〔　〕

□□ 10　友人が書いた小説が選考委院の満場
　　　一致で権威ある文学賞に選ばれた。　〔　〕→〔　〕

標準解答
誤　正

解　説

1 [最]→[再]　再開：一度やめていたことを、ふたたび始めること。

2 [仕]→[指]　指示：さしずすること。また、そのさしず。

3 [等]→[統]　伝統：ある民族や社会集団の中で、昔から受けつがれてきた風習や様式、考え方など。

4 [納]→[能]　芸能：映画、演劇、音楽、舞踊など、楽しみの要素の強いものの総称。

5 [商]→[消]　消費：使ってなくすこと。
　🖉 金銭、物質、エネルギー、時間などについて言う。

6 [過]→[課]　課題：解決しなければならない問題。果たすべき仕事。

7 [連]→[練]　訓練：ある事柄について習熟するよう、習わせてきたえること。

8 [週]→[周]　周年：数字のあとにつけて、経過した年数を表す。

9 [案]→[安]　安定：はなはだしい変動もなく落ち着いていること。

10 [院]→[員]　委員：国や団体において、選挙または任命を受け、特定の事項の調査や処理にあたる人。

読み

同音・同訓異字

漢字識別

熟語の構成

部首

対義語・類義語

送りがな

四字熟語

誤字訂正

書き取り

79

誤字訂正③

次の各文にまちがって使われている**同じ読み**の漢字が**一字**ある。
誤字と、**正しい漢字**を答えよ。

誤　　正

☐☐ **1** 受賞者に賞状が授与されると、賛列
した招待客から盛大な拍手がわいた。 [　]→[　]

☐☐ **2** 自治体では災害時の避難計確を見直
し、毛布や飲料水の備蓄を増やした。 [　]→[　]

☐☐ **3** 地震による断水を創定し各地の水道
局の給水車を集め防災訓練を行う。 [　]→[　]

☐☐ **4** 無人になるビルに高度な解像力を備
えた監司カメラを設置する。 [　]→[　]

☐☐ **5** 豪雨や雷を避けるため、民間の気象
情報を活要する人が増えた。 [　]→[　]

☐☐ **6** 大型科学プロジェクトに与算がつか
ず規模縮小を余儀なくされる。 [　]→[　]

☐☐ **7** 日本では、臓器移殖手術を待つ人の
数に対し提供人数が極端に少ない。 [　]→[　]

☐☐ **8** 高性能・省エネで維事費の安いエア
コンの展示即売会があった。 [　]→[　]

☐☐ **9** 専門家会議を開き、温暖化が地球に
もたらす映響を考える。 [　]→[　]

☐☐ **10** 台風の直撃で川の堤防が決壊し、橋
脚が濁流に推し流された。 [　]→[　]

標準解答
誤　正

解　説

1 [賛]→[参] 参列：式などに出席すること。

2 [確]→[画] 計画：物事を実行するにあたり、事前にその方法や手段を考えること。

3 [創]→[想] 想定：仮に考えてみること。

4 [司]→[視] 監視：行動などを警戒し見張ること。また、その人。

5 [要]→[用] 活用：生かして使うこと。役に立つようにうまく使うこと。

6 [与]→[予] 予算：ある目的のために必要なお金を前もって見積もること。また、そのお金。

7 [殖]→[植] 移植：医学で、体の生きた組織や臓器を移しかえること。

8 [事]→[持] 維持：同じ状態でもちこたえること。保つこと。

9 [映]→[影] 影響：あるものがほかに働きやつながりを及ぼすこと。また、それによる結果。

10 [推]→[押] 押す：物に手前側から力を加えて向こうへ動かす。

読み / 同音・同訓異字 / 漢字識別 / 熟語の構成 / 部首 / 対義語・類義語 / 送りがな / 四字熟語 / 誤字訂正 / 書き取り

81

誤字訂正④

次の各文にまちがって使われている**同じ読みの漢字**が**一字**ある。
誤字と、**正しい漢字**を答えよ。

		誤	正

□□ 1 世界中の珍しい植物が招介されている図鑑を見る。　〔　〕→〔　〕

□□ 2 祖父は複数のおもちゃを比格し、木製のアヒルを孫に買ってきた。　〔　〕→〔　〕

□□ 3 大雨で河川が増水しているため、周辺の住民に退避するよう勧刻する。　〔　〕→〔　〕

□□ 4 県の指導で池や沼で水抜きなどを繰り返して、害来魚の根絶を試みる。　〔　〕→〔　〕

□□ 5 駅前の広場を二倍に拡調し、劇場などの入った商業ビルを建造する。　〔　〕→〔　〕

□□ 6 私たちは松の生えた砂及の斜面に腰を下ろし、海を見ていた。　〔　〕→〔　〕

□□ 7 この計画は異業種への新規参入のため、挙額の設備投資を必要とする。　〔　〕→〔　〕

□□ 8 優志の呼びかけで、恩師を囲んだ同窓会が実現した。　〔　〕→〔　〕

□□ 9 事故が多発する道路には、状境に応じて信号機を設置する対策が必要だ。　〔　〕→〔　〕

□□ 10 歴史的な大発見があった遺跡に新たな発掘調査隊が波遣された。　〔　〕→〔　〕

	標準解答		解 説

標準解答　誤　正

1 [招]→[紹]　紹介：知られていない物事を広く世間に知らせること。
　🖋「引き合わせる」という意味もある。

2 [格]→[較]　比較：二つ以上のものを照らし合わせて、その優劣や異同を比べること。

3 [刻]→[告]　勧告：物事を実行するよう説きすすめること。

4 [害]→[外]　外来魚：ほかの土地から持ち込まれてその土地に定着した魚。

5 [調]→[張]　拡張：範囲や規模などを押し広げて大きくすること。

6 [及]→[丘]　砂丘：風に運ばれた砂が積もってできたおか。

7 [挙]→[巨]　巨額：数量や金額が非常に多いこと。

8 [優]→[有]　有志：ともに物事をなしとげようとする志があること。また、その人。

9 [境]→[況]　状況：その場、その時の移り変わる物事の様子。

10 [波]→[派]　派遣：命令して任務を与え、ある地へ差し向けること。

読み
同音・同訓異字
漢字識別
熟語の構成
部首
対義語・類義語
送りがな
四字熟語
誤字訂正
書き取り

誤字訂正⑤

次の各文にまちがって使われている**同じ読みの漢字**が**一字**ある。
誤字と、**正しい漢字**を答えよ。

□
□ 1　無名の二十歳の女性が砲丸投げで、見事に日本記録を向新した。〔　〕→〔　〕

□
□ 2　気象衛星の打ち上げ機地では発射に備え、点検、整備が進んでいる。〔　〕→〔　〕

□
□ 3　近くの児童公園は、月曜日以外は夕方六時には門が閉査される。〔　〕→〔　〕

□
□ 4　合成洗財の使用は川や湖の水質を悪化させる原因の一つとなっている。〔　〕→〔　〕

□
□ 5　沼の生体系に被害を及ぼす外来種のザリガニの駆除を係員総出で行う。〔　〕→〔　〕

□
□ 6　最近では、天然に比べ味も品質も劣らない養植の魚が出回っている。〔　〕→〔　〕

□
□ 7　大好きな桜が咲く、陽光うららかな春の当来を私は待ちわびている。〔　〕→〔　〕

□
□ 8　順当に勝ち残った強豪二校が本日の午後に決勝戦でいよいよ劇突する。〔　〕→〔　〕

□
□ 9　舞台で繰り広げられた名演技に、閉幕後大きな迫手がわき起こった。〔　〕→〔　〕

□
□ 10　高総マンション建設を規制する景観保護の条例が議会で可決された。〔　〕→〔　〕

84

標準解答　　　　　　　　解　説

誤　　正

1 ［向］→［更］　更新：それまでのことを新しく改めること。

2 ［機］→［基］　基地：行動のもととなる場所。
✔ 特に、軍隊、探検隊、登山隊などの活動の拠点、根拠地を言う。

3 ［査］→［鎖］　閉鎖：出入りぐちなどをとじること。また、とざすこと。

4 ［財］→［剤］　洗剤：食器や衣類などを洗うのに用いる薬品の総称。

5 ［体］→［態］　生態系：一つの地域における自然の環境と生息する生物のつながりの総称。

6 ［植］→［殖］　養殖：魚介類などを人工的に養いふやすこと。

7 ［当］→［到］　到来：時機が来ること。

8 ［劇］→［激］　激突：はげしく突きあたること。はげしく対立すること。

9 ［迫］→［拍］　拍手：手を打ち合わせて音を出すこと。賞賛、賛成などの気持ちを表して手をたたくこと。

10 ［総］→［層］　高層：建物などがとても高いこと。

読み
同音・同訓異字
漢字識別
熟語の構成
部首
対義語・類義語
送りがな
四字熟語
誤字訂正
書き取り

誤字訂正⑥

次の各文にまちがって使われている**同じ読み**の漢字が**一字**ある。
誤字と、**正しい漢字**を答えよ。

		誤	正

□□ 1　お中元商戦に向け、店長と管理職が綿密な搬売計画を立てる。　［　］→［　］

□□ 2　県は大型の台風接近に備え、降雨非害による浸水想定区域図を公表した。　［　］→［　］

□□ 3　森林保護について考えるため世界偉産に登録された原生林を視察した。　［　］→［　］

□□ 4　降雨のため試合が準延になり、選手たちは屋内練習場で汗を流した。　［　］→［　］

□□ 5　有名な作家の指導で実作と鑑証を通して小説の表現技法を身につける。　［　］→［　］

□□ 6　会社は業績不振のため資産の売却や工場の閉鎖などの改格を発表した。　［　］→［　］

□□ 7　子どもの皮膚は紫害線防御の機能が低く、露出を少なくする必要がある。　［　］→［　］

□□ 8　人手不足が真刻な業界では人材確保のため給与を上げる傾向がある。　［　］→［　］

□□ 9　その製品は発売当初から爆発的な人気で、今でも入手混難な状態だ。　［　］→［　］

□□ 10　政府は地震による建物倒壊などを想定して経財的損害額を試算した。　［　］→［　］

標準解答
誤　正

解　説

読み

同音・同訓異字

漢字識別

熟語の構成

部首

対義語・類義語

送りがな

四字熟語

誤字訂正

書き取り

1 [搬]→[販] 販売（はんばい）：商品を売りさばくこと。

2 [非]→[被] 被害（ひがい）：損害や危害を受けること。

3 [偉]→[遺] 遺産（いさん）：前代の人々が残した業績。
✐ 「故人の財産」という意味もある。

4 [準]→[順] 順延（じゅんえん）：予定していた期日をのばすこと。

5 [証]→[賞] 鑑賞（かんしょう）：芸術作品や文学作品をよく味わい理解すること。

6 [格]→[革] 改革（かいかく）：制度や習慣などの悪いところを改めよいものにすること。

7 [害]→[外] 紫外線（しがいせん）：波長がX線よりも長く、可視光線よりも短い電磁波。

8 [真]→[深] 深刻（しんこく）：事態が差し迫って重大なこと。程度がはなはだしく重大なこと。

9 [混]→[困] 困難（こんなん）：やりとげるのが苦しく難しいこと。

10 [財]→[済] 経済（けいざい）：生活に必要なものを生産、分配、消費する活動と、その中で営まれる社会的なつながり。

書き取り①

次の——線の**カタカナ**を**漢字**に直せ。

□□ 1 <u>ウチュウ</u>飛行士になる夢を抱く。 [   ]

□□ 2 おみくじで<u>キョウ</u>を引いてしまった。 [   ]

□□ 3 <u>スデ</u>で触らないように注意する。 [   ]

□□ 4 ガス<u>バクハツ</u>の原因を調べる。 [   ]

□□ 5 クジラが海中から<u>フジョウ</u>してきた。 [   ]

□□ 6 <u>モモ</u>から生まれた男の子の話だ。 [   ]

□□ 7 <u>カレ</u>からの電話を心待ちにする。 [   ]

□□ 8 <u>ムスメ</u>の晴れ姿を写真に収める。 [   ]

□□ 9 じっとしていても<u>アセ</u>ばむ陽気だ。 [   ]

□□ 10 結局つれた魚は<u>イッピキ</u>だった。 [   ]

1回目	2回目
/10問	/10問

標準解答　　　解　説

1 宇宙

宇宙：全ての天体とそれをおおう全空間。また、地球の大気圏外。

2 凶

凶：運が悪いこと。

3 素手

素手：てに何もつけず、何も持っていないこと。
✎ 素（す）は中学校で学習する音読み。

4 爆発

爆発：急に激しくはれつすること。

5 浮上

浮上：水のうえにうかびあがること。
✎「浮上」の浮は「うく。うかぶ。」という意味を表す。

6 桃

桃：バラ科の落葉小高木。その果実。中国原産。

7 彼

彼：話し手と話し相手以外の、男性を指す語。また、恋人などの男性。

8 娘

娘：親からみた女の子ども。
まちがえるX 同じ部首を持つ字と混同した誤答が目立つ。また、9画目が抜けないように注意。 娘

9 汗

汗ばむ：あせがにじみ出る。
まちがえるX 汁と混同した誤答が目立つ。つくりの形を確認しよう。 汗

10 一匹

一匹：「匹」は、魚や虫などの数え方の単位のひとつ。

読み

同音・同訓異字

漢字識別

熟語の構成

部首

対義語・類義語

送りがな

四字熟語

誤字訂正

書き取り

書き取り②

次の——線の**カタカナ**を**漢字**に直せ。

□□ 1 実験で<u>スイヨウエキ</u>の性質を調べる。 [　　　]

□□ 2 <u>レンアイ</u>を題材にした小説を書く。 [　　　]

□□ 3 友情の固い<u>アクシュ</u>を交わす。 [　　　]

□□ 4 怖くて<u>ゼッキョウ</u>した。 [　　　]

□□ 5 <u>ソウ</u>が山にこもる。 [　　　]

□□ 6 <u>カガヤ</u>かしい業績を残す。 [　　　]

□□ 7 <u>ヌマ</u>にハスの花が咲いている。 [　　　]

□□ 8 彼が欠席なのは<u>キワ</u>めて残念だ。 [　　　]

□□ 9 実力が<u>タメ</u>される時が来た。 [　　　]

□□ 10 新会社の設立に心血を<u>ソソ</u>ぐ。 [　　　]

（標準解答）　　（解　説）

1 ［水溶液］ 水溶液：ある物質をみずにとかした液。

2 ［恋愛］ 恋愛：特定の人に特別の思いを感じること。
✎ 恋、愛いずれも部首は心（こころ）。

3 ［握手］ 握手：あいさつなどのために互いに手をにぎりあうこと。

4 ［絶叫］ 絶叫：ありったけの声を出してさけぶこと。
ここ⊗ 叫のつくりは3画であることを確認しよう。

5 ［僧］ 僧：仏道を修行する人。
ここ⊗ 似た形「曽」を持つ字と混同しないようにしよう。部首はイ（にんべん）。　僧

6 ［輝］ 輝かしい：名誉や名声を得てすばらしく立派なさま。

7 ［沼］ 沼：くぼ地に水がたまった場所。
ここ⊗ 泥と混同した誤答が目立つ。つくりの形を確認しよう。　沼

8 ［極］ 極めて：この上なく。
ここ⊗ 究めて…「究める」は「深く研究して本質をつかむ」という意味の別語。

9 ［試］ 試す：実際にやってみる。

10 ［注］ 注ぐ：流し込む。
✎ 「心血を注ぐ」は「全身、全精神を集中して物事に取り組む」という意味。

91

書き取り③

次の──線の**カタカナ**を**漢字**に直せ。

□□ 1　仕事が終わってほっと**トイキ**をつく。　[　　　]

□□ 2　友人の家に**ガイハク**する。　[　　　]

□□ 3　野生動物は音に**ビンカン**だ。　[　　　]

□□ 4　だれの**シエン**も受けずにやりとげる。　[　　　]

□□ 5　近所に**ヨウガシ**の店が開店した。　[　　　]

□□ 6　貴重な美術品を取り**アツカ**う。　[　　　]

□□ 7　**ハマベ**で恋人たちが遊んでいる。　[　　　]

□□ 8　**ムナモト**でボールを受けた。　[　　　]

□□ 9　上司が自ら部下に範を**シメ**した。　[　　　]

□□ 10　心を込めてマフラーを**ア**む。　[　　　]

標準解答　　　　解　説

読み

同音・同訓異字

漢字識別

熟語の構成

部首

対義語・類義語

送りがな

四字熟語

誤字訂正

書き取り

1 〔 吐息 〕
吐息：思わずほっとしたときにつくいき。
✏ 吐は「はく。くちからはき出す。」という意味を持つ。語例 吐血

2 〔 外泊 〕
外泊：ふだん生活している所と違う所にとまること。

3 〔 敏感 〕
敏感：細かい変化にもすぐ気がつくさま。

4 〔 支援 〕
支援：力を貸して助けること。
✏ 支、援いずれも「たすける」という意味を表す。

5 〔 洋菓子 〕
洋菓子：西洋風のかし。小麦粉、バター、牛乳、卵などを材料とする。

6 〔 扱 〕
取り扱う：物事を処理する。とりはからう。担当する。

7 〔 浜辺 〕
浜辺：はまのあたり。

8 〔 胸元 〕
胸元：むねのあたり。

9 〔 示 〕
示す：わかるように、人前に出して見せる。
✏ 「範」は手本のこと。

10 〔 編 〕
編む：糸、竹、髪などを互い違いに組み合わせて一つの形に仕上げる。

書き取り④

次の——線の**カタカナ**を**漢字**に直せ。

□ 1　出された提案を<u>カジョウ</u>書きにする。[　　　]

□ 2　成功の可能性は<u>カイム</u>に等しい。[　　　]

□ 3　<u>カンキン</u>された人を救い出す。[　　　]

□ 4　図書館に本を<u>ヘンキャク</u>する。[　　　]

□ 5　和食が海外で<u>キャッコウ</u>を浴びる。[　　　]

□ 6　<u>メガシラ</u>が熱くなった。[　　　]

□ 7　雨は間もなくやむ<u>ミコ</u>みだ。[　　　]

□ 8　お早めにお<u>メ</u>し上がりください。[　　　]

□ 9　<u>オオヤケ</u>にはできない問題だ。[　　　]

□ 10　眼下に雄大な<u>ケシキ</u>が広がる。[　　　]

1回目	2回目
/10問	/10問

▶▶▶ 1章
▶▶▶ 2章
▶▶▶ 3章

標準解答　　　　　　解　説

1 [箇条] 箇条（かじょう）：いくつかに分けて書いた一つ一つの事柄。

2 [皆無] 皆無（かいむ）：全然ないこと。全くないこと。
✎ 皆は「みな。だれもかれも。ことごとく。」という意味を持つ。

3 [監禁] 監禁（かんきん）：閉じこめて行動の自由をうばうこと。
✎「監禁」の監は「ろうや」という意味を表す。

4 [返却] 返却（へんきゃく）：借りたものや預かったものをもどすこと。

5 [脚光] 脚光（きゃっこう）：フットライト。
✎「脚光を浴びる」は「関心を集める」の意。

6 [目頭] 目頭（めがしら）：めの鼻に近い方の端。
✎「目頭が熱くなる」は「感動で涙があふれそうになる」の意。

7 [見込] 見込（みこ）み：先行きの予想。

8 [召] 召（め）す：「食う」「飲む」「着る」「乗る」などの尊敬語。
✎「召し上がる」は「食う」の尊敬語。

9 [公] 公（おおやけ）：表立つこと。
✎ 公（おおやけ）は中学校で学習する訓読み。

10 [景色] 景色（けしき）：山川や風物など自然の様子。

読み

同音・同訓異字

漢字識別

熟語の構成

部首

対義語・類義語

送りがな

四字熟語

誤字訂正

書き取り

書き取り⑤

次の──線の**カタカナ**を**漢字**に直せ。

☐☐ 1 スマートフォンが急速に**フキュウ**した。 [　　　]

☐☐ 2 **オンキョウ**効果に優れた会場だった。 [　　　]

☐☐ 3 後半戦で**ハンゲキ**を開始する。 [　　　]

☐☐ 4 学校は家から徒歩**ケンナイ**にある。 [　　　]

☐☐ 5 主食を**ゲンマイ**ご飯に変えた。 [　　　]

☐☐ 6 **オソザ**きの才能が開花したようだ。 [　　　]

☐☐ 7 人間がクマに**オソ**われたニュースを見る。 [　　　]

☐☐ 8 **タテ**を構えて防御の体勢を取る。 [　　　]

☐☐ 9 料理の手間を**ハブ**く器具を使う。 [　　　]

☐☐ 10 **イモ**をふかして食べる。 [　　　]

1回目	2回目
／10問	／10問

標準解答	解　説
1 [普及]	普及：広く一般に行き渡ること。 **まちがえやすい✕** 不朽…「不朽」は「朽ちることなく、後の世まで残ること。」という意味の別語。
2 [音響]	音響：おとのひびき。 **まちがえやすい✕** 響に注意。3画目は左下へ向かってはらう。 ○響
3 [反撃]	反撃：敵が攻めてきたとき、防御にとどまらずに攻め返すこと。
4 [圏内]	圏内：ある事柄のおよぶ区域の中。 ✎「圏内」の圏は「限られた区域。範囲。」という意味を表す。
5 [玄米]	玄米：もみがらを取っただけで、精白していないこめ。
6 [遅咲]	遅咲き：世に出るのに時間のかかった人をたとえて言う言葉。
7 [襲]	襲われる：不意に危害を加えられる。 **まちがえやすい✕** 14〜16画目の後に1画多い誤答が目立つ。形をよく確認しよう。 ○襲
8 [盾]	盾：戦闘で、弓矢、刀などから身を守るための板状の武器。
9 [省]	省く：節約する。また、全体から一部を取り除く。減らす。
10 [芋]	芋：植物の根などが肥大してでんぷんなどの養分を蓄えたもの。

読み
同音・同訓異字
漢字識別
熟語の構成
部首
対義語・類義語
送りがな
四字熟語
誤字訂正
書き取り

書き取り⑥

次の──線の**カタカナ**を**漢字**に直せ。

☐☐ 1 客を<u>ゲンカン</u>まで迎えに出る。 〔　　　〕

☐☐ 2 舞台の主役を<u>コウゴ</u>に務める。 〔　　　〕

☐☐ 3 姉は大学時代の先輩と<u>ケッコン</u>した。 〔　　　〕

☐☐ 4 日本の<u>サコク</u>は<ruby>江戸<rt>えど</rt></ruby>時代に行われた。 〔　　　〕

☐☐ 5 薬局で栄養<u>ザイ</u>を買って飲んだ。 〔　　　〕

☐☐ 6 かばんに荷物を<u>ツ</u>めて旅に出る。 〔　　　〕

☐☐ 7 学芸会で<u>カゲエ</u>劇を上演した。 〔　　　〕

☐☐ 8 花を本にはさんで<u>オ</u>し花にする。 〔　　　〕

☐☐ 9 ジャングルの更に<u>オクチ</u>へ分け入る。 〔　　　〕

☐☐ 10 <u>シバフ</u>の上で弁当を広げた。 〔　　　〕

標準解答　　　　　解　説

1　[玄関]
玄関：建物の正面の入りぐち。
✎「玄関」の関は「出入りぐち」という意味を表す。

2　[交互]
交互：代わる代わるにすること。
✎互は「たがいに。かわるがわる。」という意味を持つ。

3　[結婚]
結婚：夫婦になること。
誤答✕ 婚に注意。部首が間違っている誤答が目立つ。婚の部首は 女（おんなへん）。

4　[鎖国]
鎖国：海外のくにとの通商や行き来を禁止、または極端に制限すること。

5　[剤]
栄養剤：体力回復などのために用いる薬の総称。

6　[詰]
詰める：空きがないようにする。

7　[影絵]
影絵：手や紙で作ったものに光を当てて、かげとして壁などに映す遊び。

8　[押]
押し花：草木の花を紙などの間にはさみ、おしつけて乾かしたもの。

9　[奥地]
奥地：都市や海岸から遠く離れた所。
誤答✕ 奥に注意。11〜12画目の部分が不正確な誤答が多い。形をよく確認しよう。

10　[芝生]
芝生：シバが一面にはえている所。
✎「芝生」は中学校で学習する熟字訓・当て字。

読み

同音・同訓異字

漢字識別

熟語の構成

部首

対義語・類義語

送りがな

四字熟語

誤字訂正

書き取り

書き取り⑦

次の——線の**カタカナ**を**漢字**に直せ。

□ 1 <u>シボウ</u>の少ない肉を選ぶ。　　　[　　　]

□ 2 <u>シュウサイ</u>が大器とは限らない。　[　　　]

□ 3 <u>ジュウドウ</u>で心と技をみがく。　　[　　　]

□ 4 愛犬を<u>ジュウイ</u>にみてもらう。　　[　　　]

□ 5 月の<u>ショジュン</u>に雑誌が発行される。[　　　]

□ 6 朝晩、神仏に<u>イノ</u>りをささげる。　[　　　]

□ 7 <u>ニ</u>ても焼いても食えない人だ。　　[　　　]

□ 8 子どもが公園を<u>カ</u>け回っている。　[　　　]

□ 9 海底にトンネルを<u>ホ</u>る。　　　　　[　　　]

□ 10 <u>ムラサキイロ</u>のフジの花が満開だ。[　　　]

標準解答	解 説

読み

同音・同訓異字

漢字識別

熟語の構成

部首

対義語・類義語

送りがな

四字熟語

誤字訂正

書き取り

1 脂肪

脂肪：動植物に含まれる、常温では固体のあぶら分。

2 秀才

秀才：学業における優れた能力。また、それを持っている人。

3 柔道

柔道：日本独自の武術の一つ。
ここがX 柔に注意。上部分の形に誤りが多い。「矛」＋部首木（き）という組み立てを確認しよう。　柔

4 獣医

獣医：動物の病気をみて治療する医者。
ここがX 獣に注意。左下部分の形は「口」であり「日」ではない。　獣×　獣○

5 初旬

初旬：月のはじめの十日間。
✎「初旬」の旬は「とおか。十日間。」という意味を表す。 語例 上旬

6 祈

祈り：神仏に願うこと。
ここがX 部首は礻（しめすへん）で、衤（ころもへん）ではない。　祈

7 煮

煮る：食品を水に入れて火にかけ熱を通す。
✎「煮ても焼いても食えない」で「手に負えない」という意味を表す。

8 駆

駆ける：速く走る。

9 掘

掘る：地面に穴をあける。

10 紫色

紫色：赤と青の中間のいろ。
ここがX 紫に注意。上部分の形が「北」のようになった誤答が目立つ。形をよく確認しよう。　紫×　紫○

読み①

次の——線の**漢字の読み**を**ひらがな**で記せ。

□□ 1 今年は<u>漁獲</u>量が減少した。　　　［　　　　］

□□ 2 観衆は<u>歓呼</u>の声を上げた。　　　［　　　　］

□□ 3 社会的な問題にまで<u>言及</u>する。　［　　　　］

□□ 4 毎日を<u>漫然</u>と暮らしていた。　　［　　　　］

□□ 5 姉は中学三年間を<u>皆勤</u>で通した。［　　　　］

□□ 6 周囲からの非難を<u>甘受</u>する。　　［　　　　］

□□ 7 会議では不用意な発言を<u>慎</u>む。　［　　　　］

□□ 8 難しい質問に言葉を<u>濁</u>す。　　　［　　　　］

□□ 9 周りから反対されて決心が<u>鈍</u>る。［　　　　］

□□ 10 板の間に座ぶとんを<u>敷</u>いた。　　［　　　　］

標準解答　　　　　　　　解　説

1 [ぎょかく]　漁獲：魚介類などの水産物をとること。

2 [かんこ]　歓呼：喜びのあまり大声を出すこと。また、その声。

3 [げんきゅう]　言及：話があることにまで行きつくこと。

4 [まんぜん]　漫然：はっきりした目的や意識がなく、なんとなく過ごすさま。

5 [かいきん]　皆勤：一定の期間中、一日も休まずに出席（出勤）すること。

6 [かんじゅ]　甘受：やむをえないこととして受け入れること。

7 [つつし]　慎む：あやまちのないようにひかえる。

8 [にご]　濁す：濁りものをまぜて透明さをなくす。言葉や態度をあいまいにする。

9 [にぶ]　鈍る：力、勢いなどが弱まる。

10 [し]　敷く：平らに広げる。

次の——線の**漢字の読み**を**ひらがな**で記せ。

□□ 1 世界の平和を<u>祈念</u>した。 〔　　　〕

□□ 2 <u>干拓</u>事業の見直しを行う。 〔　　　〕

□□ 3 新型の四輪<u>駆動</u>車が発売された。 〔　　　〕

□□ 4 列車の<u>遅延</u>が解消された。 〔　　　〕

□□ 5 富士山が<u>秀麗</u>な姿を現した。 〔　　　〕

□□ 6 大臣が<u>隠然</u>たる権力を持つ。 〔　　　〕

□□ 7 外交努力で<u>隷属</u>的関係を断つ。 〔　　　〕

□□ 8 たき火で辺りが<u>煙</u>い。 〔　　　〕

□□ 9 足の速さでは彼が<u>勝</u>る。 〔　　　〕

□□ 10 雨が降り出しそうな<u>鉛</u>色の空だ。 〔　　　〕

（標準解答）　（解　説）

1 [きねん] 祈念（きねん）：神仏に心を込めていのること。

2 [かんたく] 干拓（かんたく）：遠浅の海や湖などを堤防で仕切り、水を抜いて陸地にすること。

3 [くどう] 駆動（くどう）：動力を与えて機械を動かすこと。

4 [ちえん] 遅延（ちえん）：予定より時間や期日がおくれたり、延びたりすること。

5 [しゅうれい] 秀麗（しゅうれい）：優れていて美しいさま。

6 [いんぜん] 隠然（いんぜん）：表には出ないが、陰で実質的な力を握っているさま。

7 [れいぞく] 隷属（れいぞく）：ある者の支配下にあること。

8 [けむ] 煙い（けむい）：煙が立ち込めて、涙が出たり息苦しくなったりするさま。

9 [まさ] 勝る（まさる）：能力や程度などが上である。

10 [なまりいろ] 鉛色（なまりいろ）：灰色を帯びた薄黒い色。

読み
同音・同訓異字
漢字識別
熟語の構成
部首
対義語・類義語
送りがな
四字熟語
誤字訂正
書き取り

読み③

次の——線の**漢字の読み**を**ひらがな**で記せ。

□□ 1 週ごとにそうじ当番を<u>交替</u>する。　　〔　　　　〕

□□ 2 遠方の友人に<u>近況</u>を報告する。　　〔　　　　〕

□□ 3 力強い<u>筆致</u>で書かれた字だ。　　〔　　　　〕

□□ 4 <u>内需</u>の拡大が進み、景気が上向く。〔　　　　〕

□□ 5 体操競技会で<u>跳馬</u>に出場する。　　〔　　　　〕

□□ 6 多額の<u>使途</u>不明金が見つかった。〔　　　　〕

□□ 7 だれの<u>仕業</u>か全くわからない。　　〔　　　　〕

□□ 8 <u>誠</u>を尽くして相手に謝罪した。　　〔　　　　〕

□□ 9 田んぼの<u>稲刈</u>りを手伝った。　　　〔　　　　〕

□□ 10 目標を達成し、喜びに<u>浸</u>る。　　〔　　　　〕

標準解答	解 説

1 [こうたい]
交替：場所や役割を入れかえること。
まちがえやすい✕ こうかん…「こうかん」と読むのは「交換」。

2 [きんきょう]
近況：最近の状況や様子。
語例 実況

3 [ひっち]
筆致：文字、文章、絵画などのかきぶり。

4 [ないじゅ]
内需：国内の需要。

5 [ちょうば]
跳馬：馬の背の形をした台に革を張った用具を使って行う体操競技。

6 [しと]
使途：金銭や物資の使いみち。

7 [しわざ]
仕業：したこと。
✎ 多くはよくない意味合いで使う。

8 [まこと]
誠：人に対して正直なこと。また、真実。事実。

9 [いねか]
稲刈り：稲の取り入れ。

10 [ひた]
浸る：ある状態に入りこむ。
✎ 浸には「液体につかる」の意味もある。

読み
同音・同訓異字
漢字識別
熟語の構成
部首
対義語・類義語
送りがな
四字熟語
誤字訂正
書き取り

読み④

次の──線の**漢字の読み**を**ひらがな**で記せ。

□□ 1 まるで桃源郷のように平和な村だ。 [ ]

□□ 2 犯人の毛髪を科学鑑定にかける。 [ ]

□□ 3 劇場から演劇の大道具を搬出した。 [ ]

□□ 4 初段に匹敵する力がある。 [ ]

□□ 5 困難な事態に敏速に対応する。 [ ]

□□ 6 テレビの報道で不安が増幅する。 [ ]

□□ 7 大事な茶わんの縁が欠けてしまった。[ ]

□□ 8 実家で採れたトマトを箱詰めにする。[ ]

□□ 9 木の橋が朽ちて落ちかかっている。 [ ]

□□ 10 夜空に輝く月を仰ぐ。 [ ]

標準解答	解 説

1 〔 とうげんきょう 〕 <ruby>桃源郷<rt>とうげんきょう</rt></ruby>：俗世間から離れた理想的な世界。

2 〔 もうはつ 〕 <ruby>毛髪<rt>もうはつ</rt></ruby>：人体の毛。特に、かみの毛。
語例 長髪

3 〔 はんしゅつ 〕 <ruby>搬出<rt>はんしゅつ</rt></ruby>：運び出すこと。持ち出すこと。
まちがえやすい✕ はいしゅつ…「はいしゅつ」と読むのは「排出」や「輩出」。

4 〔 ひってき 〕 <ruby>匹敵<rt>ひってき</rt></ruby>：ほぼ対等であること。肩を並べること。

5 〔 びんそく 〕 <ruby>敏速<rt>びんそく</rt></ruby>：行動がすばやいこと。

6 〔 ぞうふく 〕 <ruby>増幅<rt>ぞうふく</rt></ruby>：物事の程度などが大きくなること。
語例 紙幅

7 〔 ふち 〕 <ruby>縁<rt>ふち</rt></ruby>：物のいちばん端。
まちがえやすい✕ みどり…「みどり」と読むのは別字の「緑」。右下部分の形が異なることを確認しよう。

8 〔 はこづ 〕 <ruby>箱詰<rt>はこづ</rt></ruby>め：箱に詰めること。また、詰めたもの。

9 〔 く 〕 <ruby>朽<rt>く</rt></ruby>ちる：古くなり、腐って役に立たなくなる。

10 〔 あお 〕 <ruby>仰<rt>あお</rt></ruby>ぐ：顔を上げて高いところを見る。

読み

同音・同訓異字

漢字識別

熟語の構成

部首

対義語・類義語

送りがな

四字熟語

誤字訂正

書き取り

読み⑤

次の——線の**漢字の読み**を**ひらがな**で記せ。

□□ 1 車が勢いよく舗道を走っていった。 [　　　　]

□□ 2 賞与でテレビを買い替えるつもりだ。 [　　　　]

□□ 3 前後の脈絡のない文章で読みづらい。 [　　　　]

□□ 4 いきなり退部したのは短慮だった。 [　　　　]

□□ 5 念願の賞を手に入れ、感涙にむせぶ。 [　　　　]

□□ 6 努力して劣等感を乗り越える。 [　　　　]

□□ 7 動物園で雌の象が生まれる。 [　　　　]

□□ 8 人口が減り、村は寂れる一方だ。 [　　　　]

□□ 9 異国的な趣のある町並みだ。 [　　　　]

□□ 10 正月には床の間に花を飾る。 [　　　　]

標準解答	解説

1 [ほどう] 舗道：表面をアスファルトなどで固めた道。

2 [しょうよ] 賞与：毎月の給料とは別に夏、冬などに支給する一時金。ボーナス。

3 [みゃくらく] 脈絡：物事のつながり。関連。

4 [たんりょ] 短慮：考えの浅はかなさま。考えの足りないさま。

5 [かんるい] 感涙：感動して流すなみだ。

6 [れっとう] 劣等：ふつうより劣っていること。

7 [めす] 雌：動物で妊娠・産卵をするほう。めす。
あるＸ おす…「おす」と読むのは別字の「雄」。左部分の形が異なることを確認しよう。

8 [さび] 寂れる：にぎやかだったところがすたれる。人気がなくなる。

9 [おもむき] 趣：おもしろみ。しみじみとした味わい。

10 [とこ] 床の間：座敷の上座で床を一段高くし、花などを飾るようにしたところ。

読み
同音・同訓異字
漢字識別
熟語の構成
部首
対義語・類義語
送りがな
四字熟語
誤字訂正
書き取り

読み⑥

次の——線の**漢字の読み**を**ひらがな**で記せ。

□□ 1 ロボット全盛の時代が来る。 [   ]

□□ 2 ほめられて有頂天になった。 [   ]

□□ 3 河川の水質を検査する。 [   ]

□□ 4 生徒を引率して工場見学に行く。 [   ]

□□ 5 さなぎが羽化して成虫になる。 [   ]

□□ 6 神社は縁日でにぎわっている。 [   ]

□□ 7 夏山で沢登りにいどんだ。 [   ]

□□ 8 風紀の乱れを嘆かわしく思う。 [   ]

□□ 9 足元を雨の滴がぬらした。 [   ]

□□ 10 長い戦いの末、敵陣は矛を収めた。 [   ]

（標準解答）　　　（解　説）

1 ［ ぜんせい ］ 全盛：勢力や名声などが、最もさかんであること。

2 ［ うちょうてん ］ 有頂天：得意の絶頂であること。
✐ 「有頂天」は、仏教用語から転じた語。

3 ［ かせん ］ 河川：大小の川の総称。

4 ［ いんそつ ］ 引率：引き連れて行くこと。ひきいること。
語例 統率

5 ［ うか ］ 羽化：昆虫が幼虫またはさなぎから変態して成虫になること。

6 ［ えんにち ］ 縁日：神社や寺で、祭りや供養の行事が開かれる日。

7 ［ さわのぼ ］ 沢登り：谷川にそって山を登ること。

8 ［ なげ ］ 嘆かわしい：嘆かずにはいられない。情けなく、悲しい。

9 ［ しずく ］ 滴：水など液体がたまって、垂れ落ちるもの。

10 ［ ほこ ］ 矛：長い柄の先に剣をつけた武器。
✐ 「矛を収める」で「戦いをやめる」という意味。

読み
同音・同訓異字
漢字識別
熟語の構成
部首
対義語・類義語
送りがな
四字熟語
誤字訂正
書き取り

113

読み⑦

次の——線の**漢字の読み**を**ひらがな**で記せ。

□□ 1 この薬には発汗作用がある。　　　　［　　　　］

□□ 2 宇宙科学の先駆者として知られる。　［　　　　］

□□ 3 この事件は犯罪組織が暗躍している。［　　　　］

□□ 4 その案件は別途調査中だ。　　　　　［　　　　］

□□ 5 外国からの電波を傍受した。　　　　［　　　　］

□□ 6 我々のチームが劣勢をくつがえした。［　　　　］

□□ 7 彼は見事な離れ業を演じた。　　　　［　　　　］

□□ 8 暦の上ではもう春になった。　　　　［　　　　］

□□ 9 親の期待に背いて芸術を志した。　　［　　　　］

□□ 10 度重なる被害に見舞われた。　　　　［　　　　］

標準解答　　　　　解説

1 [はっかん] 発汗：あせが出ること。あせをかくこと。

2 [せんく] 先駆：他に先んじて物事をすること。また、その人。さきがけ。

3 [あんやく] 暗躍：世間に知られないようにひそかに策略を立てて行動すること。

4 [べっと] 別途：別の方法。違うやり方。

5 [ぼうじゅ] 傍受：他人の無線通信を、故意にあるいは思いがけずに受信すること。

6 [れっせい] 劣勢：勢力や形勢がほかに比べておとっていること。

7 [はな] 離れ業：人をあっと言わせる芸当や行い。

8 [こよみ] 暦：月日や太陽の出入り、月の満ち欠け、年中行事などを記したもの。

9 [そむ] 背く：反する。従わない。

10 [たびかさ] 度重なる：何度も同じことが引き続いて起こる。

読み

同音・同訓異字

漢字識別

熟語の構成

部首

対義語・類義語

送りがな

四字熟語

誤字訂正

書き取り

115

同音・同訓異字①

次の——線の**カタカナ**にあてはまる漢字をそれぞれの**ア～オ**から一つ選び、**記号**で答えよ。

☐☐ 1 マグロの養<u>ショク</u>に成功した。 [   ]

☐☐ 2 服<u>ショク</u>関係の仕事に就きたい。 [   ]

☐☐ 3 友人の努力に<u>ショク</u>発されて勉強する。 [   ]

（ ア 触 イ 職 ウ 食 エ 殖 オ 飾 ）

☐☐ 4 過労が原因で病<u>ショウ</u>に就いた。 [   ]

☐☐ 5 植物の研究に<u>ショウ</u>進する。 [   ]

☐☐ 6 国際会議の<u>ショウ</u>致に成功する。 [   ]

（ ア 招 イ 紹 ウ 召 エ 床 オ 精 ）

☐☐ 7 仕事で会社に<u>ト</u>まり込んだ。 [   ]

☐☐ 8 父が息子に教えを<u>ト</u>く。 [   ]

☐☐ 9 独創性に<u>ト</u>む絵画を鑑賞する。 [   ]

（ ア 溶 イ 説 ウ 執 エ 泊 オ 富 ）

標準解答 | 解 説

1 [エ] 養殖（ようしょく）：魚介類などを人工的に養って、ふやすこと。

2 [オ] 服飾（ふくしょく）：衣服とその装身具。衣服のかざり。

3 [ア] 触発（しょくはつ）：刺激を与えられて、意欲や行動などを引き起こすこと。

4 [エ] 病床（びょうしょう）：病人のねどこ。

5 [オ] 精進（しょうじん）：あることに打ち込んでひたすらはげむこと。

6 [ア] 招致（しょうち）：まねいて、来てもらうこと。

7 [エ] 泊まる（とまる）：自宅以外の場所で宿泊すること。
✎ 泊には、「船が港などにとどまる」という意味もある。

8 [イ] 説く（とく）：教えさとす。筋道を立てて話して聞かせる。

9 [オ] 富む（とむ）：多くある。豊かである。

読み

同音・同訓異字

漢字識別

熟語の構成

部首

対義語・類義語

送りがな

四字熟語

誤字訂正

書き取り

同音・同訓異字②

次の——線の**カタカナ**にあてはまる漢字をそれぞれの**ア~オ**から**一つ**選び、**記号**で答えよ。

□□ **1** 被告人が**ジン**問される。 [　　　]

□□ **2** **ジン**頭で指揮をとる。 [　　　]

□□ **3** 理不**ジン**な要求に困惑する。 [　　　]

（ ア 仁 イ 陣 ウ 尋 エ 人 オ 尽 ）

□□ **4** 感**タン**の声を上げる。 [　　　]

□□ **5** **タン**精してバラを育てている。 [　　　]

□□ **6** 祖父は**タン**泊な味つけを好む。 [　　　]

（ ア 単 イ 端 ウ 淡 エ 丹 オ 嘆 ）

□□ **7** 台風の影響で郵便物の**チ**配が生じた。 [　　　]

□□ **8** **チ**命的なミスをするところだった。 [　　　]

□□ **9** 組織内の**チ**部を公にする。 [　　　]

（ ア 遅 イ 値 ウ 知 エ 恥 オ 致 ）

（標準解答）　　　（解　説）

読み

同音・同訓異字

漢字識別

熟語の構成

部首

対義語・類義語

送りがな

四字熟語

誤字訂正

書き取り

1 〔 ウ 〕 尋問：裁判官や警察官などが取り調べのために、くちさきで問いただすこと。

2 〔 イ 〕 陣頭：仕事や活動の場の第一線。

3 〔 オ 〕 理不尽：物事の筋道がとおらないこと。道理に合わないことを無理に押しとおそうとすること。

4 〔 オ 〕 感嘆：感心して、ほめたたえること。

5 〔 エ 〕 丹精：まごころをこめて行うこと。精を出すこと。

6 〔 ウ 〕 淡泊：味や色などが薄くあっさりしていること。
✎ 淡には「あわい」という意味がある。

7 〔 ア 〕 遅配：決められた期日よりも配達や支払いなどがおくれること。
✎ 遅には「おくれる」という意味がある。

8 〔 オ 〕 致命的：取り返しがつかないほど失敗や損害が大きい様子。

9 〔 エ 〕 恥部：人に見られたり知られたりしたくない部分。はじとなる部分。

同音・同訓異字③

次の――線の**カタカナ**にあてはまる漢字をそれぞれの**ア～オ**から**一つ**選び、**記号**で答えよ。

□□ **1** 商品を至急<u>ハン</u>送する。 [　]

□□ **2** <u>ハン</u>忙を極める毎日を送る。 [　]

□□ **3** この古文書は<u>ハン</u>読に苦労する。 [　]

（ ア 繁 イ 判 ウ 販 エ 範 オ 搬 ）

□□ **4** 号<u>ホウ</u>を合図に飛び出した。 [　]

□□ **5** 南米大陸の最高<u>ホウ</u>にいどむ。 [　]

□□ **6** 彼は優しくて<u>ホウ</u>容力がある。 [　]

（ ア 法 イ 抱 ウ 包 エ 砲 オ 峰 ）

□□ **7** イベントの計画で名案が<u>ウ</u>かぶ。 [　]

□□ **8** ライフルで遠くの的を<u>ウ</u>った。 [　]

□□ **9** 好天に恵まれ思わぬ収益を<u>ウ</u>んだ。 [　]

（ ア 打 イ 撃 ウ 植 エ 生 オ 浮 ）

(標準解答)　　(解 説)

1 [オ]　搬送：荷物などを遠くまで運び送ること。
✐ 搬には「はこぶ」という意味がある。

2 [ア]　繁忙：用事が多く、忙しいさま。

3 [イ]　判読：わかりにくい文字や文章を、前後の文脈などから推量して読むこと。

4 [エ]　号砲：合図として打つてっぽう。また、その音。

5 [オ]　最高峰：(山々の中で) いちばん高いみね。

6 [ウ]　包容力：人の欠点などをとがめず温かく受けいれる心の広さ。
✐ 包には「つつむ」という意味がある。

7 [オ]　浮かぶ：心の中に上ってくる。意識に出てくる。イメージされる。

8 [イ]　撃つ：たまを発射する。
✐ 撃には「攻める」という意味もある。

9 [エ]　生む：新しくつくりだす。

読み / 同音・同訓異字 / 漢字識別 / 熟語の構成 / 部首 / 対義語・類義語 / 送りがな / 四字熟語 / 誤字訂正 / 書き取り

121

同音・同訓異字④

次の——線の**カタカナ**にあてはまる漢字をそれぞれの**ア～オ**から**一つ**選び、**記号**で答えよ。

1 議案は全会一致で**ヒ**決された。 [　　　]

2 **ヒ**岸に墓参りへ行った。 [　　　]

3 **ヒ**写体にピントを合わせる。 [　　　]

（ ア 彼　イ 疲　ウ 被　エ 比　オ 否 ）

4 予**ビ**として同じものを二つ買う。 [　　　]

5 話し合いは首**ビ**よくまとまった。 [　　　]

6 隠れた**ビ**談が新聞に載った。 [　　　]

（ ア 美　イ 尾　ウ 微　エ 鼻　オ 備 ）

7 なつかしい童**ヨウ**を歌う。 [　　　]

8 うららかな春の**ヨウ**光が差した。 [　　　]

9 **ヨウ**姿を整えて外出する。 [　　　]

（ ア 様　イ 謡　ウ 溶　エ 陽　オ 容 ）

標準解答　　　　　　解　説

1 〔 オ 〕
否決：会議で、提出された議案を承認しないことを決定すること。
✎ 否には打ち消しの意味がある。

2 〔 ア 〕
彼岸：春分、秋分の日を中日とする前後各三日間。

3 〔 ウ 〕
被写体：写真に写される人や物。
✎ 被には「～される」という意味がある。

4 〔 オ 〕
予備：前もって用意しておくこと。また、そのもの。

5 〔 イ 〕
首尾：物事の経過と結果。なりゆき。

6 〔 ア 〕
美談：立派な行いについての話。聞く人を感心させるうつくしい話。

7 〔 イ 〕
童謡：子どものためにつくられたうた。

8 〔 エ 〕
陽光：日光。
✎ 陽には「お日様」という意味がある。

9 〔 オ 〕
容姿：顔だちと、姿かたち。

読み

同音・同訓異字

漢字識別

熟語の構成

部首

対義語・類義語

送りがな

四字熟語

誤字訂正

書き取り

同音・同訓異字⑤

次の——線の**カタカナ**にあてはまる漢字をそれぞれの**ア〜オ**から**一つ**選び、**記号**で答えよ。

1 大学の入試要**コウ**が発表された。 [　]

2 大学でドイツ文学を専**コウ**する。 [　]

3 敵対する両派の**コウ**争が続いた。 [　]

（ ア 項　イ 功　ウ 抗　エ 攻　オ 効 ）

4 **シ**質をとり過ぎないようにする。 [　]

5 条例改正の趣**シ**について説明する。 [　]

6 風**シ**の効いた漫画を読む。 [　]

（ ア 視　イ 刺　ウ 旨　エ 指　オ 脂 ）

7 温泉で家族そろって**ヨ**暇を楽しむ。 [　]

8 優勝の栄**ヨ**をたたえる。 [　]

9 会長は引退して経営には関**ヨ**しない。 [　]

（ ア 余　イ 予　ウ 預　エ 与　オ 誉 ）

<table>
<tr><td>標準解答</td><td>解説</td></tr>
</table>

1 [ア]　要項：必要な事柄。また、それをまとめたもの。

2 [エ]　専攻：ある学問分野を専門に研究すること。

3 [ウ]　抗争：張り合って争うこと。敵対して争うこと。

4 [オ]　脂質：炭水化物、たんぱく質と並んで、エネルギーのもとになる栄養素の一つ。
　　　　　　✎ 脂は「あぶら」という意味。

5 [ウ]　趣旨：事を行うにあたっての、もとにある考えや主なねらい。

6 [イ]　風刺：それとなく皮肉ること。特に、社会や人物の欠点や罪悪などを、遠回しにおもしろく批評すること。

7 [ア]　余暇：自分が自由に使える時間。仕事から解放された時間。ひま。

8 [オ]　栄誉：はえあるほまれ。

9 [エ]　関与：物事に関係すること。たずさわること。

読み
同音・同訓異字
漢字識別
熟語の構成
部首
対義語・類義語
送りがな
四字熟語
誤字訂正
書き取り

同音・同訓異字⑥

次の──線の**カタカナ**にあてはまる漢字をそれぞれの**ア～オ**から**一つ**選び、**記号**で答えよ。

1 他人に**カイ**入してほしくない。 [　　　]

2 生徒たちに訓**カイ**を与える。 [　　　]

3 何をすべきか**カイ**目わからない。 [　　　]

（ ア 介 イ 壊 ウ 皆 エ 戒 オ 改 ）

4 平和を**キ**念する式典が開かれる。 [　　　]

5 **キ**上の空論では役に立たない。 [　　　]

6 山頂は空気が**キ**薄だった。 [　　　]

（ ア 希 イ 奇 ウ 机 エ 祈 オ 幾 ）

7 期待で胸の**コ**動が高まる。 [　　　]

8 事件の動かぬ証**コ**をつかんだ。 [　　　]

9 **コ**張された情報が報道された。 [　　　]

（ ア 拠 イ 誇 ウ 呼 エ 鼓 オ 枯 ）

（標準解答）　　　　　　（解　説）

1［ ア ］
介入：第三者が、争いやもめごとなどの間に割りこむこと。
✔ 介には「中に入る」という意味がある。

2［ エ ］
訓戒：物事の善悪を教えさとし、いさめること。
✔ 訓、戒には「教えさとす」の意味がある。

3［ ウ ］
皆目：（下に打ち消しの言葉がついて）全然。まるで。全く。

4［ エ ］
祈念：神仏に心をこめていのること。

5［ ウ ］
机上：つくえのうえ。
✔ 「机上の空論」は「頭の中で考え出した、実際には役に立たない理論。」という意味。

6［ ア ］
希薄：液体や気体の濃度、密度がうすいこと。
✔ 希には「うすい」という意味がある。

7［ エ ］
鼓動：心臓が規則的に脈打つこと。
✔ 鼓には「うつ。たたく。」という意味がある。

8［ ア ］
証拠：真実を証明するよりどころ。

9［ イ ］
誇張：実際より大げさに表現すること。

読み

同音・同訓異字

漢字識別

熟語の構成

部首

対義語・類義語

送りがな

四字熟語

誤字訂正

書き取り

127

同音・同訓異字⑦

次の——線の**カタカナ**にあてはまる漢字をそれぞれの**ア〜オ**から**一つ**選び、**記号**で答えよ。

1 雑誌に短編小説を寄**コウ**する。 [　　]

2 世界中の人々の**コウ**久の平和を願う。 [　　]

3 漁船は**コウ**天をついて出発した。 [　　]

（ ア 荒 イ 恒 ウ 厚 エ 稿 オ 高 ）

4 機密書類を機械で**サイ**断する。 [　　]

5 **サイ**時記で夏の季語を調べる。 [　　]

6 試合は精**サイ**を欠く内容だった。 [　　]

（ ア 彩 イ 載 ウ 歳 エ 切 オ 裁 ）

7 日が**ク**れる前に家に帰る。 [　　]

8 強化合宿の日程を**ク**む。 [　　]

9 雨音に気づき、ページを**ク**る手を止めた。 [　　]

（ ア 組 イ 暮 ウ 来 エ 繰 オ 食 ）

標準解答 | 解説

1 [エ]
寄稿：新聞や雑誌などに載せるため、依頼された原稿を書き送ること。
✎寄には「よせる」という意味がある。

2 [イ]
恒久：いつまでも変わらないこと。
✎恒には「いつまでも変わらない」という意味がある。

3 [ア]
荒天：風雨の非常に強いあれた天候。

4 [オ]
裁断：布などを切ること。
✎裁には「たつ」という意味がある。

5 [ウ]
歳時記：俳句の季語を、季節順に分類、解説して例句を載せた本。

6 [ア]
精彩：生き生きとして活気があること。
✎精には「こころ」という意味がある。

7 [イ]
暮れる：太陽が落ちて暗くなる。

8 [ア]
組む：編成する。

9 [エ]
繰る：順番にめくる。
✎繰には「次々に送る」という意味がある。

漢字識別①

三つの□に**共通する漢字**を入れて熟語を作れ。漢字は、**1〜5**は**ア〜コ**から、**6〜10**は**サ〜ト**から一つ選び、**記号**で答えよ。

□□ 1　浸□・□過・□視　　　[　　]

□□ 2　□想・□認・□秘　　　[　　]

□□ 3　□囲・師□・規□　　　[　　]

□□ 4　豆□・□敗・防□剤　　[　　]

□□ 5　□曲・民□・童□　　　[　　]

ア　秀
イ　腐
ウ　黙
エ　踊
オ　透
カ　府
キ　簡
ク　謡
ケ　範
コ　到

□□ 6　□案・奇□・□技　　　[　　]

□□ 7　円□・序□・地□　　　[　　]

□□ 8　□獣・勇□・□威　　　[　　]

□□ 9　□火・痛□・熱□　　　[　　]

□□ 10　固□・□無・□効　　[　　]

サ　盤
シ　般
ス　網
セ　妙
ソ　猛
タ　烈
チ　列
ツ　権
テ　盗
ト　有

標準解答　　解説

1 ［ オ ］
浸透：液体などがしみとおること。
透過：すきとおること。通り抜けること。
透視：すかして見ること。

2 ［ ウ ］
黙想：だまって考えにふけること。
黙認：だまって見逃すこと。
黙秘：だまって何も話さないこと。

3 ［ ケ ］
範囲：一定の限られた区域内。
師範：手本。また、学問、技芸を教える人。
規範：行動や判断の基準や手本。

4 ［ イ ］
豆腐：大豆を加工した食品。
腐敗：くさること。
防腐剤：くさらないようにするための薬。

5 ［ ク ］
謡曲：能の脚本に節をつけてうたうこと。
民謡：民衆の生活の中から生まれた歌。
童謡：子どものためにつくられた歌。

6 ［ セ ］
妙案：よい思いつき。優れたよい考え。
奇妙：変わっているさま。
妙技：たくみなわざ。

7 ［ サ ］
円盤：平たくてまるい形のもの。
序盤：物事のはじめの段階。
地盤：地の表層。土台となる土地。

8 ［ ソ ］
猛獣：性質が荒々しい肉食の動物。
勇猛：非常に勇気があって強いさま。
猛威：すさまじい勢いや力。

9 ［ タ ］
烈火：勢いよく燃える火。
痛烈：非常に激しいこと。
熱烈：感情が高ぶって勢いが激しいさま。

10 ［ ト ］
固有：もとから備わっていること。
有無：あることとないこと。
有効：ためになること。役に立つこと。

読み / 同音・同訓異字 / 漢字識別 / 熟語の構成 / 部首 / 対義語・類義語 / 送りがな / 四字熟語 / 誤字訂正 / 書き取り

131

漢字識別②

三つの□に**共通する漢字**を入れて熟語を作れ。漢字は、**1～5**
はア～コから、**6～10 は**サ～トから一つ選び、**記号**で答えよ。

□□ 1　□承・中□・後□

ア　縁
イ　征
ウ　緑
エ　依
オ　衣
カ　称
キ　制
ク　賞
ケ　継
コ　維

[　]

□□ 2　□賛・□号・対□

[　]

□□ 3　□服・遠□・出□

[　]

□□ 4　血□・□側・□談

[　]

□□ 5　□頼・□拠・□存

[　]

□□ 6　□名・□職・□水

サ　屈
シ　掘
ス　為
セ　臣
ソ　巨
タ　儀
チ　戯
ツ　汚
テ　功
ト　執

[　]

□□ 7　□替・行□・無□

[　]

□□ 8　□曲・遊□・□画

[　]

□□ 9　理□・□折・□服

[　]

□□ 10　□大・□漢・□費

[　]

標準解答	解説

1 [ケ]
継承：先代の地位や財産を受けつぐこと。
中継：中間で受けつぐこと。
後継：あとをつぐこと。また、その人。

2 [カ]
称賛：ほめたたえること。
称号：社会的地位や資格を表す名前。
対称：互いに対応し、つり合っていること。

3 [イ]
征服：武力で敵を押さえ、服従させること。
遠征：敵を倒すため遠くまで出かけること。
出征：兵士として戦場へ出ること。

4 [ア]
血縁：親子、兄弟などの血のつながり。
縁側：座敷の外側に作られた細長い板敷き。
縁談：結婚の話を進めるための相談。

5 [エ]
依頼：人に何かを頼むこと。
依拠：よりどころとするところ。
依存：頼ること。ほかに寄りかかること。

6 [ツ]
汚名：不名誉な評判。
汚職：公職の人が不正に利益を図ること。
汚水：よごれたきたない水。下水など。

7 [ス]
為替：現金を手形などで送金する方法。
行為：意志や目的を持ってする行い。
無為：何もせずぶらぶらと過ごすこと。

8 [チ]
戯曲：演劇のために書かれた脚本。
遊戯：遊びたわむれること。
戯画：世の中を風刺して描くこっけいな絵。

9 [サ]
理屈：物事の筋道や道理。
屈折：折れ曲がること。状態がゆがむこと。
屈服：相手の言うとおりになること。

10 [ソ]
巨大：きわめて大きいこと。
巨漢：人並み外れて体の大きい男。
巨費：きわめて多額な費用。

読み
同音・同訓異字
漢字識別
熟語の構成
部首
対義語・類義語
送りがな
四字熟語
誤字訂正
書き取り

133

漢字識別③

三つの□に**共通する漢字**を入れて熟語を作れ。漢字は、**1～5**は**ア～コ**から、**6～10**は**サ～ト**から一つ選び、**記号**で答えよ。

□□ 1　□目・条□・要□　　　[　　]

□□ 2　□星術・独□・□有　　[　　]

□□ 3　記□・満□・連□　　　[　　]

□□ 4　□向・□味・情□　　　[　　]

□□ 5　□堂・□下・神□　　　[　　]

ア　専
イ　占
ウ　項
エ　殿
オ　更
カ　取
キ　趣
ク　尽
ケ　載
コ　裁

□□ 6　寄□・□与・□答　　　[　　]

□□ 7　□下・□着・□痛　　　[　　]

□□ 8　背□・気□・□夫　　　[　　]

□□ 9　象□・特□・□候　　　[　　]

□□ 10　□画・散□・□遊　　　[　　]

サ　漫
シ　鋭
ス　徴
セ　慢
ソ　丈
タ　贈
チ　微
ツ　沈
テ　賃
ト　蔵

（標準解答）　　（解　説）

1 ［ ウ ］
項目：内容を小さく分けたときの部分。
条項：箇条書きの一つ一つの部分。
要項：重要な事柄。

2 ［ イ ］
占星術：天体で人の運命などを予言する術。
独占：ひとりじめにすること。
占有：自分のものとすること。

3 ［ ケ ］
記載：書物、書類などに書いてのせること。
満載：人や物をいっぱいのせること。
連載：雑誌などに続き物として作品をのせること。

4 ［ キ ］
趣向：おもむきを出すための工夫。
趣味：自分が楽しむために行うこと。
情趣：しみじみとした気分や味わい。

5 ［ エ ］
殿堂：大きくて立派な建物。
殿下：皇族などの敬称。
神殿：神を祭ってある建物。

6 ［ タ ］
寄贈：物品を相手におくり与えること。
贈与：人に金品をおくり与えること。
贈答：物をおくったり返礼をしたりすること。

7 ［ ツ ］
沈下：しずみ下がること。
沈着：落ち着いていること。
沈痛：悲しみや心配ごとで心を痛めるさま。

8 ［ ソ ］
背丈：背の高さ。身長。
気丈：心がしっかりしている様子。
丈夫：健康な様子。

9 ［ ス ］
象徴：抽象的なものを具象的に表すこと。
特徴：ほかと比べて目立つところ。
徴候：物事が起こるきざし。

10 ［ サ ］
漫画：軽妙な筆致で描かれたこっけいな絵。
散漫：まとまりのないさま。
漫遊：気の向くままに各地を旅すること。

読み　同音・同訓異字　漢字識別　熟語の構成　部首　対義語・類義語　送りがな　四字熟語　誤字訂正　書き取り

135

漢字識別④

三つの□に**共通する漢字**を入れて熟語を作れ。漢字は、**1～5**は**ア～コ**から、**6～10**は**サ～ト**から一つ選び、**記号**で答えよ。

□
□1　□文・悲□・□心　　　[　　]

□
□2　□笛・濃□・□散　　　[　　]

□
□3　□固・□実・中□　　　[　　]

□
□4　唐□・□発・□起　　　[　　]

□
□5　□害・□略・□食　　　[　　]

ア　霧
イ　恋
ウ　変
エ　究
オ　堅
カ　浸
キ　突
ク　雷
ケ　健
コ　侵

□
□6　吐□・□骨・朝□　　　[　　]

□
□7　含□・□財・備□　　　[　　]

□
□8　□発・指□・□出　　　[　　]

□
□9　□難・□作・□品　　　[　　]

□
□10　乾□・満□・金□　　　[　　]

サ　杯
シ　配
ス　盗
セ　適
ソ　蓄
タ　敵
チ　摘
ツ　築
テ　露
ト　路

1回目	2回目
/10問	/10問

標準解答	解 説

1 〔 イ 〕
恋文：こいしい気持ちを書いた手紙。
悲恋：悲しい結末に終わる恋。
恋心：こいしいと思う気持ち。

2 〔 ア 〕
霧笛：きりが深いとき安全のため鳴らす汽笛。
濃霧：前方が見えないくらい深いきり。
霧散：きりが散るようになくなること。

3 〔 オ 〕
堅固：建物や守りがしっかりしていること。
堅実：てがたいこと。
中堅：社会や集団の中心として活躍する人。

4 〔 キ 〕
唐突：だしぬけなさま。とつぜんなさま。
突発：思いがけなく発生すること。
突起：一部分がつき出ること。

5 〔 コ 〕
侵害：他人の権利などをおかすこと。
侵略：他国に入り領地などをうばうこと。
侵食：他人の領分に次第に食いこむこと。

6 〔 テ 〕
吐露：自分の考えなどを隠さず述べること。
露骨：感情、欲望などを隠さずに表すこと。
朝露：朝降りているつゆ。

7 〔 ソ 〕
含蓄：内容が豊かで深い意味があること。
蓄財：金銭や財産をためること。
備蓄：万が一のために、たくわえること。

8 〔 チ 〕
摘発：悪事や不正をあばくこと。
指摘：問題点を具体的に指し示すこと。
摘出：異物などを取り除くこと。

9 〔 ス 〕
盗難：金品をうばわれること。
盗作：他人の作品を自作として発表すること。
盗品：ぬすんだ品物。

10 〔 サ 〕
乾杯：さかずきを上げ酒などを飲み干すこと。
満杯：容器が物でいっぱいになること。
金杯：金で作ったさかずき。

熟語の構成①

熟語の構成のしかたには □□□□ 内の**ア～オ**のようなものがある。
次の熟語は □□□□ 内の**ア～オ**のどれにあたるか、**一つ選び**、**記号**で答えよ。

□□ 1　遊戯　　　　　　　　　　　　　　〔　　〕

□□ 2　橋脚　　　　　　　　　　　　　　〔　　〕

　　　　　　　　┌───────────────┐
　　　　　　　　│ ア　同じような意味の漢字
□□ 3　送迎　　　│ 　　を重ねたもの　　　　　〔　　〕
　　　　　　　　│ 　　　　　　　　（岩石）
　　　　　　　　│
□□ 4　砂丘　　　│ イ　反対または対応の意味　〔　　〕
　　　　　　　　│ 　　を表す字を重ねたもの
　　　　　　　　│ 　　　　　　　　（高低）
□□ 5　仰天　　　│ ウ　前の字が後の字を修飾　〔　　〕
　　　　　　　　│ 　　しているもの
　　　　　　　　│ 　　　　　　　　（洋画）
□□ 6　栄枯　　　│ 　　　　　　　　　　　　　〔　　〕
　　　　　　　　│ エ　後の字が前の字の目的
　　　　　　　　│ 　　語・補語になっている
□□ 7　未到　　　│ 　　もの　　　　（着席）　〔　　〕
　　　　　　　　│
　　　　　　　　│ オ　前の字が後の字の意味
□□ 8　荒野　　　│ 　　を打ち消しているもの　〔　　〕
　　　　　　　　│ 　　　　　　　　（非常）
　　　　　　　　└───────────────┘
□□ 9　退陣　　　　　　　　　　　　　　〔　　〕

□□ 10　豪雨　　　　　　　　　　　　　　〔　　〕

標準解答　　　　　　　　解　説

1 〔 ア 〕
遊戯：遊びたわむれること。
構成 遊 ＝＝ 戯 同義
どちらも「あそぶ」という意味。

2 〔 ウ 〕
橋脚：橋を支える柱。
構成 橋 ⟶ 脚 修飾
橋の脚。

3 〔 イ 〕
送迎：人を送ったり迎えたりすること。
構成 送 ⟷ 迎 対義
「送る」と「迎える」、反対の意味。

4 〔 ウ 〕
砂丘：風に運ばれた砂が積もってできた丘。
構成 砂 ⟶ 丘 修飾
砂の丘。

5 〔 エ 〕
仰天：天をあおぐほどひどくびっくりすること。
構成 仰 ⟵ 天 目的
天を仰ぐ。

6 〔 イ 〕
栄枯：栄えることとおとろえること。
構成 栄 ⟷ 枯 対義
「栄える」と「枯れる」、反対の意味。

7 〔 オ 〕
未到：まだだれも到達していないこと。
構成 未 × 到 打消
まだ到達していない。

8 〔 ウ 〕
荒野：荒れ果てた野原。荒れ野。
構成 荒 ⟶ 野 修飾
荒れた野。

9 〔 エ 〕
退陣：ある地位や職務から退くこと。
構成 退 ⟵ 陣 目的
陣を退く。

10 〔 ウ 〕
豪雨：はげしく降る雨。
構成 豪 ⟶ 雨 修飾
はげしい雨。豪は「はげしい」という意味。

読み
同音・同訓異字
漢字識別
熟語の構成
部首
対義語・類義語
送りがな
四字熟語
誤字訂正
書き取り

熟語の構成②

熟語の構成のしかたには _____ 内の**ア～オ**のようなものがある。
次の熟語は _____ 内の**ア～オ**のどれにあたるか、**一つ**選び、**記号**で答えよ。

☐☐ 1 執筆 　　　　　　　　　[　]

☐☐ 2 秀作 　　　　　　　　　[　]

ア	同じような意味の漢字を重ねたもの（岩石）
イ	反対または対応の意味を表す字を重ねたもの（高低）
ウ	前の字が後の字を修飾しているもの（洋画）
エ	後の字が前の字の目的語・補語になっているもの（着席）
オ	前の字が後の字の意味を打ち消しているもの（非常）

☐☐ 3 濃淡 　　　　　　　　　[　]

☐☐ 4 瞬間 　　　　　　　　　[　]

☐☐ 5 起床 　　　　　　　　　[　]

☐☐ 6 増殖 　　　　　　　　　[　]

☐☐ 7 尽力 　　　　　　　　　[　]

☐☐ 8 未熟 　　　　　　　　　[　]

☐☐ 9 更衣 　　　　　　　　　[　]

☐☐ 10 旧姓 　　　　　　　　　[　]

標準解答　　　　**解　説**

読み

同音・同訓異字

漢字識別

熟語の構成

部首

対義語・類義語

送りがな

四字熟語

誤字訂正

書き取り

1 〔 エ 〕
出陣：戦いに出ること。
構成 出 ← 陣 **目的**
陣に出る。

2 〔 ウ 〕
直訴：正式の手続きをとらず直接上訴すること。
構成 直 → 訴 **修飾**
直接訴える。

3 〔 オ 〕
未納：まだ納めていないこと。
構成 未 × 納 **打消**
まだ納めていない。

4 〔 ウ 〕
弾力：外からの力に抗して元の形にもどろうとする力。
構成 弾 → 力 **修飾**
弾む力。弾は「はずむ。はね返す。」という意味。

5 〔 エ 〕
遅刻：決められた時間に遅れること。
構成 遅 ← 刻 **目的**
時刻に遅れる。

6 〔 ウ 〕
激怒：ひどく怒ること。
構成 激 → 怒 **修飾**
激しく怒る。

7 〔 イ 〕
優劣：すぐれていることと劣っていること。
構成 優 ←→ 劣 **対義**
「優れている」と「劣っている」、反対の意味。

8 〔 ア 〕
到達：行き着くこと。ある点に届くこと。
構成 到 ＝ 達 **同義**
どちらも「行き着く」という意味。

9 〔 ウ 〕
鈍痛：鈍く重苦しい痛み。
構成 鈍 → 痛 **修飾**
鈍い痛み。

10 〔 エ 〕
調髪：髪を刈るなどして形をととのえること。
構成 調 ← 髪 **目的**
髪を調える。

143

熟語の構成④

熟語の構成のしかたには□□□□内の**ア**～**オ**のようなものがある。
次の熟語は□□□□内の**ア**～**オ**のどれにあたるか、**一つ**選び、**記号**で答えよ。

☐☐ 1　濃霧　　　　　　　　　　　〔　　〕

☐☐ 2　後輩　　　　　　　　　　　〔　　〕

☐☐ 3　抜群　　　　　　　　　　　〔　　〕

☐☐ 4　指紋　　　　　　　　　　　〔　　〕

☐☐ 5　拡幅　　　　　　　　　　　〔　　〕

☐☐ 6　未完　　　　　　　　　　　〔　　〕

☐☐ 7　店舗　　　　　　　　　　　〔　　〕

☐☐ 8　傍線　　　　　　　　　　　〔　　〕

☐☐ 9　干満　　　　　　　　　　　〔　　〕

☐☐10　平凡　　　　　　　　　　　〔　　〕

ア　同じような意味の漢字を重ねたもの
　　　　　　　　（岩石）

イ　反対または対応の意味を表す字を重ねたもの
　　　　　　　　（高低）

ウ　前の字が後の字を修飾しているもの
　　　　　　　　（洋画）

エ　後の字が前の字の目的語・補語になっているもの　　（着席）

オ　前の字が後の字の意味を打ち消しているもの
　　　　　　　　（非常）

標準解答　　　　　解　説

1 [ウ] 濃霧：前方が見えないくらい深くたちこめた霧。
構成 濃 ━→ 霧 修飾
濃い霧。

2 [ウ] 後輩：同じ学校などで自分よりあとに入った者。
構成 後 ━→ 輩 修飾
後から加わった仲間。輩は「なかま」という意味。

3 [エ] 抜群：大勢の中でとび抜けて優れていること。
構成 抜 ←━ 群 目的
群を抜く。

4 [ウ] 指紋：指先の内側にある筋模様。
構成 指 ━→ 紋 修飾
指の紋様。

5 [エ] 拡幅：道路などの幅をひろげること。
構成 拡 ←━ 幅 目的
幅をひろげる。拡は「ひろげる」という意味。

6 [オ] 未完：まだできていないこと。未完成。
構成 未 × 完 打消
まだ完成していない。

7 [ア] 店舗：商品を売るための建物。みせがまえ。
構成 店 ＝ 舗 同義
どちらも「みせ」という意味。

8 [ウ] 傍線：文字や文章のわきに引く線。
構成 傍 ━→ 線 修飾
かたわらの線。傍は「そば」という意味。

9 [イ] 干満：潮の満ち引き。干潮と満潮。
構成 干 ←→ 満 対義
「干る」と「満ちる」、反対の意味。

10 [ア] 平凡：ありふれているさま。
構成 平 ＝ 凡 同義
どちらも「ふつう」という意味。

読み／同音・同訓異字／漢字識別／**熟語の構成**／部首／対義語・類義語／送りがな／四字熟語／誤字訂正／書き取り

熟語の構成⑤

熟語の構成のしかたには ┌──┐ 内の**ア～オ**のようなものがある。
次の熟語は ┌──┐ 内の**ア～オ**のどれにあたるか、**一つ**選び、**記号**で答えよ。

☐☐ 1 妙案　　　　　　　　　　　[　　]

☐☐ 2 減量　　　　　　　　　　　[　　]

☐☐ 3 不詳　　　　　　　　　　　[　　]

☐☐ 4 皮膚　　　　　　　　　　　[　　]

☐☐ 5 師弟　　　　　　　　　　　[　　]

☐☐ 6 配慮　　　　　　　　　　　[　　]

☐☐ 7 旧暦　　　　　　　　　　　[　　]

☐☐ 8 巨体　　　　　　　　　　　[　　]

☐☐ 9 猛烈　　　　　　　　　　　[　　]

☐☐ 10 老僧　　　　　　　　　　　[　　]

> ア　同じような意味の漢字を重ねたもの（岩石）
>
> イ　反対または対応の意味を表す字を重ねたもの（高低）
>
> ウ　前の字が後の字を修飾しているもの（洋画）
>
> エ　後の字が前の字の目的語・補語になっているもの（着席）
>
> オ　前の字が後の字の意味を打ち消しているもの（非常）

標準解答　　　　　　解　説

読み

同音・同訓異字

漢字識別

熟語の構成

部首

対義語・類義語

送りがな

四字熟語

誤字訂正

書き取り

1 [ウ]
妙案：よい思いつき。優れたよい考え。
構成 妙 → 案 修飾
すばらしい案。

2 [エ]
減量：量が減ること。また、量を減らすこと。
構成 減 ← 量 目的
量を減らす。

3 [オ]
不詳：詳しくわからないこと。
構成 不 × 詳 打消
詳しくわからない。

4 [ア]
皮膚：動物の体の表面をおおい包んでいる組織。
構成 皮 ＝ 膚 同義
どちらも「物の表面」という意味。

5 [イ]
師弟：師と弟子。先生と生徒。
構成 師 ←→ 弟 対義
「師」と「弟子」、反対の意味。

6 [エ]
配慮：気を配ること。心遣い。
構成 配 ← 慮 目的
思い（慮）を配る。

7 [ウ]
旧暦：月の運行をもとに決めていたかつてのこよみ。
構成 旧 → 暦 修飾
古い暦。

8 [ウ]
巨体：非常に大きい体。
構成 巨 → 体 修飾
巨大な体。

9 [ア]
猛烈：程度や勢いが非常に激しいさま。
構成 猛 ＝ 烈 同義
どちらも「激しい」という意味。

10 [ウ]
老僧：年を取った僧。
構成 老 → 僧 修飾
老いた僧。

147

熟語の構成⑥

熟語の構成のしかたには □ 内の**ア～オ**のようなものがある。
次の熟語は □ 内の**ア～オ**のどれにあたるか、**一つ**選び、**記号**で答えよ。

□□ **1** 呼応 　　　　　　　　　　[　]

□□ **2** 噴火 　　　　　　　　　　[　]

□□ **3** 波紋 　　　　　　　　　　[　]

□□ **4** 捕球 　　　　　　　　　　[　]

□□ **5** 不慮 　　　　　　　　　　[　]

□□ **6** 歌謡 　　　　　　　　　　[　]

□□ **7** 傍観 　　　　　　　　　　[　]

□□ **8** 鋭角 　　　　　　　　　　[　]

□□ **9** 防災 　　　　　　　　　　[　]

□□ **10** 鬼才 　　　　　　　　　　[　]

ア	同じような意味の漢字を重ねたもの（岩石）
イ	反対または対応の意味を表す字を重ねたもの（高低）
ウ	前の字が後の字を修飾しているもの（洋画）
エ	後の字が前の字の目的語・補語になっているもの（着席）
オ	前の字が後の字の意味を打ち消しているもの（非常）

標準解答		解　説

1 〔 イ 〕

呼応：互いに通じ合うこと。
構成 呼 ⟷ 応 対義
「呼ぶ」と「応える」、反対の意味。

2 〔 エ 〕

噴火：火山が爆発して、灰などを噴き出すこと。
構成 噴 ⟵ 火 目的
火を噴く。

3 〔 ウ 〕

波紋：水面がゆれて広がる波の模様。
構成 波 ⟶ 紋 修飾
波の紋様。

4 〔 エ 〕

捕球：（野球で）ボールを捕ること。
構成 捕 ⟵ 球 目的
球を捕る。

5 〔 オ 〕

不慮：思いがけないこと。
構成 不 × 慮 打消
思っていない。慮は「思う」という意味。

6 〔 ア 〕

歌謡：節をつけてうたう、うたの総称。
構成 歌 ═ 謡 同義
どちらも「うたう」という意味。

7 〔 ウ 〕

傍観：そばでただ見ていること。
構成 傍 ⟶ 観 修飾
かたわら（傍）で見る。

8 〔 ウ 〕

鋭角：数学で、直角より小さい角度。
構成 鋭 ⟶ 角 修飾
鋭い角度。

9 〔 エ 〕

防災：災害を防ぐこと。
構成 防 ⟵ 災 目的
災いを防ぐ。

10 〔 ウ 〕

鬼才：人間ばなれした、優れた才能。
構成 鬼 ⟶ 才 修飾
鬼のような（人間ばなれした）才能。

部首①

次の漢字の**部首**を**ア～エ**から**一つ**選び、**記号**で答えよ。

□□ **1** 敬 (ア 艹 イ ク ウ 口 エ 攵) [　　]

□□ **2** 欲 (ア 谷 イ 口 ウ 欠 エ 八) [　　]

□□ **3** 凡 (ア 丶 イ 几 ウ し エ ノ) [　　]

□□ **4** 壱 (ア 十 イ 士 ウ 冖 エ ヒ) [　　]

□□ **5** 奥 (ア ノ イ 大 ウ 米 エ 冂) [　　]

□□ **6** 甘 (ア 一 イ 十 ウ 凵 エ 甘) [　　]

□□ **7** 鬼 (ア 田 イ 儿 ウ ム エ 鬼) [　　]

□□ **8** 傾 (ア 頁 イ ヒ ウ イ エ 八) [　　]

□□ **9** 項 (ア 貝 イ 頁 ウ エ エ 目) [　　]

□□ **10** 彩 (ア 釆 イ 彡 ウ ノ エ 木) [　　]

標準解答　　　**解 説**

1 〔 エ 〕 **部首(部首名)** 攵（のぶん・ぼくづくり）
✎ 攵の漢字例：攻、敏、敵 など

2 〔 ウ 〕 **部首(部首名)** 欠（あくび・かける）
✎ 欠の漢字例：歓、次、歌 など

3 〔 イ 〕 **部首(部首名)** 几（つくえ）
✎ 几の漢字例：処

4 〔 イ 〕 **部首(部首名)** 士（さむらい）
✎ 士の漢字例：士、声、売 など

5 〔 イ 〕 **部首(部首名)** 大（だい）
✎ 大の漢字例：奇、奏、奮 など

6 〔 エ 〕 **部首(部首名)** 甘（かん・あまい）

7 〔 エ 〕 **部首(部首名)** 鬼（おに）

8 〔 ウ 〕 **部首(部首名)** イ（にんべん）
✎ イの漢字例：倒、偉、伺 など

9 〔 イ 〕 **部首(部首名)** 頁（おおがい）
✎ 頁の漢字例：頼、頂、額 など

10 〔 イ 〕 **部首(部首名)** 彡（さんづくり）
✎ 彡の漢字例：影、形 など

読み

同音・同訓異字

漢字識別

熟語の構成

部首

対義語・類義語

送りがな

四字熟語

誤字訂正

書き取り

※辞典や参考書により、部首や部首名の表記が異なる場合がありますが、「漢検」では定められた
部首・部首名で解答する必要があります。採点基準は巻頭ページをご覧ください。

部首②

次の漢字の**部首**を**ア**～**エ**から**一つ**選び、**記号**で答えよ。

□□ **1** 釈 (ア 釆 イ 禾 ウ 尸 エ 釆) [　]

□□ **2** 朱 (ア ノ イ 二 ウ 十 エ 木) [　]

□□ **3** 畳 (ア 田 イ 宀 ウ 目 エ 一) [　]

□□ **4** 吹 (ア 欠 イ 人 ウ 口 エ ノ) [　]

□□ **5** 是 (ア 日 イ 口 ウ 一 エ 疋) [　]

□□ **6** 扇 (ア 戸 イ 一 ウ 羽 エ 口) [　]

□□ **7** 殿 (ア 尸 イ 又 ウ 殳 エ ハ) [　]

□□ **8** 輩 (ア 非 イ 車 ウ 十 エ 日) [　]

□□ **9** 般 (ア 又 イ 舟 ウ 几 エ 殳) [　]

□□ **10** 舞 (ア タ イ 舛 ウ ノ エ 一) [　]

標準解答		解　説

1 [エ] **部首(部首名)** 釆（のごめへん）
✎ 常用漢字で釆を部首とする漢字は釈のみ。

2 [エ] **部首(部首名)** 木（き）
✎ 木の漢字例：染、査、条　など

3 [ア] **部首(部首名)** 田（た）
✎ 田の漢字例：異、留、界　など

4 [ウ] **部首(部首名)** 口（くちへん）
✎ 口の漢字例：叫、咲、吐　など

5 [ア] **部首(部首名)** 日（ひ）
✎ 日の漢字例：暦、旨、普　など

6 [ア] **部首(部首名)** 戸（とだれ・とかんむり）

7 [ウ] **部首(部首名)** 殳（るまた・ほこづくり）
✎ 殳の漢字例：段、殺　など

8 [イ] **部首(部首名)** 車（くるま）
✎ 車の漢字例：輝、軍　など

9 [イ] **部首(部首名)** 舟（ふねへん）
✎ 舟の漢字例：航、船　など

10 [イ] **部首(部首名)** 舛（まいあし）
✎ 常用漢字で舛を部首とする漢字は舞のみ。

読み

同音・同訓異字

漢字識別

熟語の構成

部首

対義語・類義語

送りがな

四字熟語

誤字訂正

書き取り

153

部首③

次の漢字の**部首**を**ア**~**エ**から**一つ**選び、**記号**で答えよ。

□□ 1 誉 (ア ゛ イ 一 ウ 言 エ ロ) [　]

□□ 2 柔 (ア 矛 イ 木 ウ ノ エ 十) [　]

□□ 3 我 (ア ノ イ 亅 ウ 戈 エ 弋) [　]

□□ 4 看 (ア ノ イ 二 ウ 手 エ 目) [　]

□□ 5 衆 (ア ノ イ 皿 ウ 血 エ イ) [　]

□□ 6 曇 (ア 日 イ 雨 ウ 二 エ ム) [　]

□□ 7 競 (ア 立 イ ロ ウ ル エ 亠) [　]

□□ 8 井 (ア 一 イ 二 ウ 丨 エ ノ) [　]

□□ 9 票 (ア 罒 イ 西 ウ 小 エ 示) [　]

□□ 10 委 (ア 禾 イ ハ ウ 一 エ 女) [　]

標準解答	解 説

1 [ウ] **部首(部首名)** 言（げん）
✏ 言の漢字例：警　など

2 [イ] **部首(部首名)** 木（き）
✏ 木の漢字例：染、査、条　など

3 [ウ] **部首(部首名)** 戈（ほこづくり・ほこがまえ）
✏ 戈の漢字例：戒、戯、戦　など

4 [エ] **部首(部首名)** 目（め）
✏ 目の漢字例：盾、省、県　など

5 [ウ] **部首(部首名)** 血（ち）
✏ 血の漢字例：血

6 [ア] **部首(部首名)** 日（ひ）
✏ 日の漢字例：暦、旨、昔　など

7 [ア] **部首(部首名)** 立（たつ）
✏ 立の漢字例：童、章　など

8 [イ] **部首(部首名)** 二（に）
✏ 二の漢字例：互、五　など

9 [エ] **部首(部首名)** 示（しめす）
✏ 示の漢字例：禁、祭　など

10 [エ] **部首(部首名)** 女（おんな）
✏ 女の漢字例：姿、妻　など

読み

同音・同訓異字

漢字識別

熟語の構成

部首

対義語・類義語

送りがな

四字熟語

誤字訂正

書き取り

部首④

次の漢字の**部首**を**ア～エ**から**一つ**選び、**記号**で答えよ。

☐ **1** 岸 (ア 厂 イ 山 ウ 十 エ 干) [　　]

☐ **2** 登 (ア ハ イ ロ ウ 癶 エ 豆) [　　]

☐ **3** 就 (ア 亠 イ ロ ウ 大 エ 尤) [　　]

☐ **4** 成 (ア ノ イ 厂 ウ 戈 エ 、) [　　]

☐ **5** 夏 (ア 一 イ 目 ウ 夂 エ ノ) [　　]

☐ **6** 暴 (ア 氺 イ ハ ウ 二 エ 日) [　　]

☐ **7** 威 (ア 戈 イ 厂 ウ 一 エ 女) [　　]

☐ **8** 含 (ア ヘ イ 二 ウ 凵 エ ロ) [　　]

☐ **9** 玄 (ア 玄 イ ム ウ 亠 エ 幺) [　　]

☐ **10** 更 (ア 一 イ 日 ウ 田 エ ノ) [　　]

標準解答 　　　　　解　説

1 〔 イ 〕 　**部首(部首名)** 山（やま）
✎ 山の漢字例：岡、島、岩　など

2 〔 ウ 〕 　**部首(部首名)** 癶（はつがしら）
✎ 癶の漢字例：発

3 〔 エ 〕 　**部首(部首名)** 尢（だいのまげあし）
✎ 常用漢字で尢を部首とする漢字は就のみ。

4 〔 ウ 〕 　**部首(部首名)** 戈（ほこづくり・ほこがまえ）
✎ 戈の漢字例：戒、戯、戦　など

5 〔 ウ 〕 　**部首(部首名)** 夂（すいにょう・ふゆがしら）
✎ 夂の漢字例：変

6 〔 エ 〕 　**部首(部首名)** 日（ひ）
✎ 日の漢字例：暦、旨、昔　など

7 〔 エ 〕 　**部首(部首名)** 女（おんな）
✎ 女の漢字例：姿、妻　など

8 〔 エ 〕 　**部首(部首名)** 口（くち）
✎ 口の漢字例：唐、召、后　など

9 〔 ア 〕 　**部首(部首名)** 玄（げん）
✎ 玄の漢字例：率

10 〔 イ 〕 　**部首(部首名)** 曰（ひらび・いわく）
✎ 曰の漢字例：冒、替、最　など

読み / 同音・同訓異字 / 漢字識別 / 熟語の構成 / 部首 / 対義語・類義語 / 送りがな / 四字熟語 / 誤字訂正 / 書き取り

157

対義語・類義語①

::::内のひらがなを漢字に直して□に入れ、**対義語・類義語**を作れ。::::内のひらがなは一度だけ使い、**漢字一字**で答えよ。

対義語

□□ 1	存続ー断□	[　　]
□□ 2	不振ー好□	[　　]
□□ 3	遠方ー近□	[　　]
□□ 4	消費ー□蓄	[　　]
□□ 5	徴収ー□入	[　　]

類義語

□□ 6	道端ー□傍	[　　]
□□ 7	簡単ー容□	[　　]
□□ 8	重荷ー負□	[　　]
□□ 9	留守ー不□	[　　]
□□ 10	永遠ー恒□	[　　]

い
きゅう
ざい
ぜつ
たん
ちょ
ちょう
のう
りん
ろ

標準解答 | 解 説

1 〔 絶 〕 存続：なくならないで、ありつづけること。
断絶：つながりや結びつきを切ること。

2 〔 調 〕 不振：勢い、成績、業績などがふるわないこと。
好調：物事がうまくいくこと。

3 〔 隣 〕 遠方：遠くの方。遠くへだたった所。
近隣：近いところ。となり近所。

4 〔 貯 〕 消費：金品、時間、体力などを使い尽くすこと。
貯蓄：金銭などをたくわえること。

5 〔 納 〕 徴収：金を集めること。
納入：金品をおさめ入れること。

6 〔 路 〕 道端：道のほとり。道のはし。
路傍：道のほとり。

7 〔 易 〕 簡単：こみいっていないさま。難しくないさま。
容易：やさしいこと。たやすいこと。

8 〔 担 〕 重荷：重い荷物。能力をこえた大きな責任。
負担：身に引き受けること。また、その義務や責任。

9 〔 在 〕 留守：外出していて家にいないこと。
不在：その場所にいないこと。

10 〔 久 〕 永遠：いつまでもながく果てしないこと。
恒久：いつまでも変わらないこと。

対義語・類義語②

内のひらがなを漢字に直して□に入れ、**対義語・類義語**を作れ。 内のひらがなは一度だけ使い、**漢字一字**で答えよ。

□□ 1		高雅－□俗		[ ]
□□ 2		需要－供□		[ ]
□□ 3	対義語	例外－原□	い か い きゅう ぜ そく てい はん ばん ほ れい	[ ]
□□ 4		親切－□淡		[ ]
□□ 5		早熟－□成		[ ]
□□ 6		形見－□品		[ ]
□□ 7		用心－警□		[ ]
□□ 8	類義語	可否－□非		[ ]
□□ 9		手本－模□		[ ]
□□ 10		修理－□修		[ ]

標準解答	解　説

1 [低]
高雅：けだかく上品なさま。優雅なさま。
低俗：性質や趣味などがいやしいこと。

2 [給]
需要：求めること。入り用。
供給：求めに応じて物をあてがうこと。

3 [則]
例外：通常の規定から外れること。
原則：特例を除き、大部分に当てはまる基本的な決まり。

4 [冷]
親切：心が温かくて思いやりがあり、情に厚いこと。
冷淡：人間的な思いやりのないこと。

5 [晩]
早熟：年齢のわりに発達がはやいこと。
晩成：通常よりも遅くできあがること。

6 [遺]
形見：死んだ人や別れた人が残したもので、思い出となる品。
遺品：故人が残した品物。

7 [戒]
用心：万が一に備えて注意すること。
警戒：好ましくないことが起こらないように注意すること。

8 [是]
可否：物事のよしあし。よいか悪いか。
是非：よいことと悪いこと。正しいことと間違っていること。

9 [範]
手本：見習うべき人や行い。
模範：見習うべきやり方。

10 [補]
修理：いたんだところを整え直すこと。
補修：足りない部分をおぎなったり、破損した部分をつくろったりすること。

読み

同音・同訓異字

漢字識別

熟語の構成

部首

対義語・類義語

送りがな

四字熟語

誤字訂正

書き取り

対義語・類義語③

内のひらがなを漢字に直して□に入れ、**対義語・類義語**を作れ。　　内のひらがなは一度だけ使い、**漢字一字**で答えよ。

対義語

□□ 1	清流－□流	[　]
□□ 2	深夜－□昼	[　]
□□ 3	中止－継□	[　]
□□ 4	保守－□新	[　]
□□ 5	生誕－永□	[　]

類義語

□□ 6	使命－責□	[　]
□□ 7	失業－失□	[　]
□□ 8	隷属－服□	[　]
□□ 9	考慮－思□	[　]
□□ 10	閉口－□惑	[　]

あん
かく
こん
じゅう
しょく
ぞく
だく
はく
みん
む

162

<table>
標準解答 | 解説
</table>

1 〔 濁 〕
清流：きれいに澄んだ水の流れ。
濁流：にごった水の流れ。

2 〔 白 〕
深夜：夜遅く。真夜中。よふけ。
白昼：日中。真昼。ひるひなか。

3 〔 続 〕
中止：つづいているものが途中でたち切れること。
継続：それまでの状態がつづくこと。

4 〔 革 〕
保守：これまでの制度や伝統を守ること。
革新：これまでの制度などをあらためて新しくすること。

5 〔 眠 〕
生誕：人間が生まれること。
永眠：永遠にねむる意で、死ぬこと。

6 〔 務 〕
使命：やらなければならないつとめ。
責務：責任を持って果たさなければならないつとめ。

7 〔 職 〕
失業：仕事を失うこと。
失職：それまで就いていた仕事を失うこと。

8 〔 従 〕
隷属：ある者の支配下にあること。
服従：他人の意志や命令にしたがうこと。

9 〔 案 〕
考慮：判断するために、いろいろな要素や条件を考えること。
思案：あれこれと考えをめぐらすこと。

10 〔 困 〕
閉口：手におえなくてこまること。
困惑：どうしてよいかわからずこまること。

読み
同音・同訓異字
漢字識別
熟語の構成
部首
対義語・類義語
送りがな
四字熟語
誤字訂正
書き取り

163

対義語・類義語④

内のひらがなを漢字に直して□に入れ、**対義語・類義語**を作れ。内のひらがなは一度だけ使い、**漢字一字**で答えよ。

		対義語・類義語		
□□	1	歓声 ― □鳴		[ ]
□□	2	油断 ― 警□		[ ]
□□	3	大要 ― 詳□		[ ]
□□	4	加入 ― 離□		[ ]
□□	5	近海 ― 遠□		[ ]
□□	6	同等 ― 匹□		[ ]
□□	7	技量 ― 手□		[ ]
□□	8	長者 ― □豪		[ ]
□□	9	精進 ― □力		[ ]
□□	10	地道 ― □実		[ ]

対義語 (1〜5)
類義語 (6〜10)

かい
けん
さい
だつ
てき
ど
ひ
ふ
よう
わん

標準解答	解説

1 [悲]
歓声（かんせい）：よろこびのあまり上げる大声。
悲鳴（ひめい）：恐ろしい目にあったときや驚いたときなどに発する叫び声。

2 [戒]
油断（ゆだん）：注意をおこたること。
警戒（けいかい）：好ましくないことが起こらないように用心すること。

3 [細]
大要（たいよう）：だいたいの要点。あらまし。
詳細（しょうさい）：詳しくこまかいこと。

4 [脱]
加入（かにゅう）：団体、組織などに加わること。
離脱（りだつ）：自分が所属しているところから抜け出すこと。

5 [洋]
近海（きんかい）：陸地に近い海。
遠洋（えんよう）：陸地から遠く離れた広い海。

6 [敵]
同等（どうとう）：価値、等級、程度などが同じであること。
匹敵（ひってき）：ほぼ対等であること。

7 [腕]
技量（ぎりょう）：物事を行う手並み。
手腕（しゅわん）：物事を処理する力。

8 [富]
長者（ちょうじゃ）：大金持ち。
富豪（ふごう）：たくさんの財産がある人。

9 [努]
精進（しょうじん）：あることに打ち込んでひたすらはげむこと。
努力（どりょく）：力を尽くして行うこと。

10 [堅]
地道（じみち）：着実に物事をするさま。
堅実（けんじつ）：確実で危なげないさま。

読み / 同音・同訓異字 / 漢字識別 / 熟語の構成 / 部首 / 対義語・類義語 / 送りがな / 四字熟語 / 誤字訂正 / 書き取り

165

対義語・類義語⑤

内のひらがなを漢字に直して□に入れ、**対義語・類義語**を作れ。内のひらがなは一度だけ使い、**漢字一字**で答えよ。

			選択肢	
□□ 1		甘言－□言		[　]
□□ 2		返却－□用		[　]
□□ 3	対義語	追跡－逃□	きょ	[　]
□□ 4		歓喜－□嘆	く	[　]
□□ 5		寒冷－温□	しゃく	[　]
□□ 6		縁者－親□	せん	[　]
□□ 7		専有－独□	だん	[　]
□□ 8	類義語	無視－□殺	とつ	[　]
□□ 9		大樹－□木	ひ	[　]
□□ 10		不意－□然	ぼう	[　]
			もく	
			るい	

標準解答　　　　解　説

1 〔 苦 〕
甘言（かんげん）：相手の気を引くためのたくみな言葉。
苦言（くげん）：耳が痛いが、ためになる忠告。

2 〔 借 〕
返却（へんきゃく）：かりたものや預かったものをもどすこと。
借用（しゃくよう）：金銭や物品をかりて使うこと。

3 〔 亡 〕
追跡（ついせき）：あとを追いかけること。
逃亡（とうぼう）：逃げて身を隠すこと。逃げていなくなること。

4 〔 悲 〕
歓喜（かんき）：心から喜ぶこと。
悲嘆（ひたん）：心が深く傷つき、かなしみ嘆くこと。

5 〔 暖 〕
寒冷（かんれい）：寒く冷たいこと。
温暖（おんだん）：気候があたたかいこと。

6 〔 類 〕
縁者（えんじゃ）：血縁や結婚によって縁のつながっている人。
親類（しんるい）：血縁や結婚でつながっている人。

7 〔 占 〕
専有（せんゆう）：自分だけで所有すること。
独占（どくせん）：ひとりじめにすること。

8 〔 黙 〕
無視（むし）：現にあるものをないように扱うこと。
黙殺（もくさつ）：知っていながら問題にしないこと。

9 〔 巨 〕
大樹（たいじゅ）：大きな樹木。大木。
巨木（きょぼく）：非常に大きな木。

10 〔 突 〕
不意（ふい）：思いがけないこと。予期しないこと。
突然（とつぜん）：だしぬけであること。いきなりであること。

読み

同音・同訓異字

漢字識別

熟語の構成

部首

対義語・類義語

送りがな

四字熟語

誤字訂正

書き取り

167

対義語・類義語⑥

内のひらがなを漢字に直して□に入れ、**対義語・類義語**を作れ。内のひらがなは一度だけ使い、**漢字一字**で答えよ。

対義語

□□ 1	加熱－冷□	[ ]
□□ 2	敏感－□感	[ ]
□□ 3	劣悪－優□	[ ]
□□ 4	柔和－凶□	[ ]
□□ 5	兼業－□業	[ ]

類義語

□□ 6	全快－完□	[ ]
□□ 7	身長－背□	[ ]
□□ 8	団結－結□	[ ]
□□ 9	苦労－□儀	[ ]
□□ 10	皮肉－□刺	[ ]

きゃく
せん
そく
たけ
ち
どん
なん
ふう
ぼう
りょう

標準解答　　　解　説

1 〔 却 〕
加熱：熱を加えて温度を高くすること。
冷却：冷えること。また、冷やすこと。

2 〔 鈍 〕
敏感：感覚が鋭いこと。細かい変化にもすぐ気がつくこと。
鈍感：感覚、感じ方がにぶいこと。

3 〔 良 〕
劣悪：程度が低く質がよくないこと。
優良：成績や品質などが優れていてよいさま。

4 〔 暴 〕
柔和：性格や印象などが優しくおとなしいさま。
凶暴：性質が非常に悪くて荒々しいこと。

5 〔 専 〕
兼業：本業以外に、別の仕事をすること。
専業：もっぱらあることに従事すること。

6 〔 治 〕
全快：病気やけががすっかりなおること。
完治：病気やけがが完全になおること。

7 〔 丈 〕
身長：せいの高さ。
背丈：せいの高さ。

8 〔 束 〕
団結：人々が心を合わせ、目的に向かってまとまること。
結束：志を同じくする者がまとまること。

9 〔 難 〕
苦労：精神的、肉体的に苦しみ、あれこれ努力すること。
難儀：苦しむこと。つらいこと。

10 〔 風 〕
皮肉：相手の欠点などを、遠回しに意地悪く言うこと。
風刺：それとなく批判すること。

読み
同音・同訓異字
漢字識別
熟語の構成
部首
対義語・類義語
送りがな
四字熟語
誤字訂正
書き取り

対義語・類義語⑦

内のひらがなを漢字に直して□に入れ、**対義語・類義語**を作れ。　　　内のひらがなは一度だけ使い、**漢字一字**で答えよ。

対義語

□□ 1　航行－□泊　　［　　］

□□ 2　起床－就□　　［　　］

□□ 3　家臣－□君　　［　　］

□□ 4　一致－□違　　［　　］

□□ 5　野党－□党　　［　　］

類義語

□□ 6　回想－追□　　［　　］

□□ 7　看護－□抱　　［　　］

□□ 8　屈指－抜□　　［　　］

□□ 9　普通－尋□　　［　　］

□□ 10　対等－□角　　［　　］

おく
かい
ぐん
ご
しゅ
じょう
しん
そう
てい
よ

標準解答

解　説

読み

同音・同訓異字

漢字識別

熟語の構成

部首

対義語・類義語

送りがな

四字熟語

誤字訂正

書き取り

1 〔 停 〕
航行：船や飛行機で、海や空を行くこと。
停泊：船がいかりを下ろしてとまること。

2 〔 寝 〕
起床：ねどこから起き出ること。
就寝：床につき、眠ること。

3 〔 主 〕
家臣：殿様に仕えている家来。
主君：自分が仕えている殿様。

4 〔 相 〕
一致：二つ以上のものが合うこと。
相違：たがいに異なること。同じでないこと。

5 〔 与 〕
野党：現在、政権を担当していない政党。
与党：現在、政権を担当している政党。

6 〔 憶 〕
回想：昔のことを思い起こすこと。
追憶：過去やなくなった人を思い出してしのぶこと。

7 〔 介 〕
看護：病人やけが人の世話や手当てをすること。
介抱：病人や負傷者などの面倒をみること。

8 〔 群 〕
屈指：多くの中で特に優れていること。
抜群：大勢の中で、とびぬけて優れていること。

9 〔 常 〕
普通：特に変わっておらず、ありふれていること。
尋常：あたりまえであること。人並みであること。

10 〔 互 〕
対等：たがいに優劣、上下の差がないこと。
互角：優劣のない状態。

171

送りがな①

次の——線の**カタカナ**を**漢字一字**と**送りがな（ひらがな）**に直せ。
〈例〉問題に**コタエル**。〔 答える 〕

☐☐ **1** 横領の罪で相手を<u>ウッタエル</u>。 〔　　　　　〕

☐☐ **2** 軽率な行動を<u>ハジル</u>。 〔　　　　　〕

☐☐ **3** 暑さですぐに食べ物が<u>クサル</u>。 〔　　　　　〕

☐☐ **4** 神前に新米を<u>ソナエル</u>。 〔　　　　　〕

☐☐ **5** お年寄りを<u>ウヤマウ</u>気持ちを持つ。 〔　　　　　〕

☐☐ **6** 外出する前に食事を<u>スマス</u>。 〔　　　　　〕

☐☐ **7** 親友の忠告に<u>シタガウ</u>。 〔　　　　　〕

☐☐ **8** この地域は鉄鋼業が<u>サカンダ</u>。 〔　　　　　〕

☐☐ **9** 円満な解決が<u>ノゾマシイ</u>。 〔　　　　　〕

☐☐ **10** <u>ケワシイ</u>山道を登った。 〔　　　　　〕

標準解答 | 解 説

読み

同音・同訓異字

漢字識別

熟語の構成

部首

対義語・類義語

送りがな

四字熟語

誤字訂正

書き取り

1 [訴える] 訴える：もめごとの裁きを申し出る。

2 [恥じる] 恥じる：はずかしく思う。
他の例 恥じらう、恥ずかしい　など

3 [腐る] 腐る：食べ物、木、金属などがいたんでだめになる。
他の例 腐れる、腐らす

4 [供える] 供える：神仏や貴人の前に物をささげる。

5 [敬う] 敬う：相手を尊び礼を尽くす。

6 [済ます] 済ます：なすべき物事を全部してしまう。
他の例 済む

7 [従う] 従う：逆らわずにそのとおりにする。
他の例 従える

8 [盛んだ] 盛んだ：勢いがよく、おとろえないさま。
他の例 盛る、盛る

9 [望ましい] 望ましい：そうあってほしい。願わしい。

10 [険しい] 険しい：山が高く斜面が急なさま。

送りがな②

次の──線の**カタカナ**を**漢字一字と送りがな**（**ひらがな**）に直せ。
〈例〉問題に**コタエル**。〔 答える 〕

□□ 1 連勝して首位との差が**チヂマッ**た。 〔   〕

□□ 2 相手の攻撃を軽く**シリゾケ**た。 〔   〕

□□ 3 家族で初日の出を**オガム**。 〔   〕

□□ 4 不足している人員を**オギナウ**。 〔   〕

□□ 5 **スグレ**た音楽の才能に恵まれた。 〔   〕

□□ 6 ホテルのフロントに荷物を**アズケル**。〔   〕

□□ 7 事実に**モトヅイ**て再現する。 〔   〕

□□ 8 **エライ**人の像を建てる。 〔   〕

□□ 9 赤ちゃんの**ヤスラカナ**寝顔を見る。 〔   〕

□□ 10 背中に**ニブイ**痛みを感じた。 〔   〕

標準解答 | 解説

1 〔 縮まっ 〕
縮まる：小さくなる。短くなる。
他の例 縮む、縮める、縮れる、縮らす

2 〔 退け 〕
退ける：こちらに向かって来るものを負かしたり、寄せつけず追い返したりする。
他の例 退く

3 〔 拝む 〕
拝む：手を合わせて祈る。

4 〔 補う 〕
補う：不足したところや欠けたところを満たす。

5 〔 優れ 〕
優れる：能力、容姿、価値などがほかよりまさる。
他の例 優しい

6 〔 預ける 〕
預ける：金品を人の手元においてもらう。保管してもらう。
他の例 預かる

7 〔 基づい 〕
基づく：もとにする。よりどころとする。

8 〔 偉い 〕
偉い：地位、身分などが高い。

9 〔 安らかな 〕
安らかだ：何の心配も悩みもないさま。
あるX 安らか……線部分がどこまでかをよく確認しよう。

10 〔 鈍い 〕
鈍い：人の感覚を刺激する力が十分でない。
他の例 鈍る

読み

同音・同訓異字

漢字識別

熟語の構成

部首

対義語・類義語

送りがな

四字熟語

誤字訂正

書き取り

175

送りがな③

次の——線の**カタカナ**を**漢字一字**と**送りがな（ひらがな）**に直せ。
〈例〉問題に**コタエル**。〔 答える 〕

☐
☐ 1 指示に<u>サカラッ</u>て計画を立てる。 〔　　　　　〕

☐
☐ 2 医者を<u>ココロザス</u>兄がいる。 〔　　　　　〕

☐
☐ 3 間違いを認めて心から<u>アヤマッ</u>た。 〔　　　　　〕

☐
☐ 4 サッカーの代表チームを<u>ヒキイル</u>。 〔　　　　　〕

☐
☐ 5 受験に<u>ソナエ</u>て夜遅くまで勉強する。〔　　　　　〕

☐
☐ 6 古い規則を<u>アラタメル</u>。 〔　　　　　〕

☐
☐ 7 誤解により友人の信頼を<u>ウシナッ</u>た。〔　　　　　〕

☐
☐ 8 友人と<u>カロヤカナ</u>足取りで歩く。 〔　　　　　〕

☐
☐ 9 <u>ナヤマシイ</u>青春の日々を送る。 〔　　　　　〕

☐
☐ 10 <u>アラタナ</u>課題に取り組む。 〔　　　　　〕

標準解答　　解　説

1 [逆らっ]
逆らう：相手の言うことにそむく。反抗する。

2 [志す]
志す：目標に向かって進む。

3 [謝っ]
謝る：自分の間違いや罪を認め心からわびる。

4 [率いる]
率いる：引き連れる。先立ち導く。

5 [備え]
備える：前もって用意する。
他の例 備わる

6 [改める]
改める：悪いところをよいものに変える。
他の例 改まる

7 [失っ]
失う：今まで持っていたものやそなわっていたものをなくす。

8 [軽やかな]
軽やかだ：かるがるとしたさま。
他の例 軽い

9 [悩ましい]
悩ましい：なやむことがあって苦しい。難儀である。
他の例 悩ます

10 [新たな]
新ただ：あたらしいさま。今までなかったさま。
他の例 新しい　など

読み

同音・同訓異字

漢字識別

熟語の構成

部首

対義語・類義語

送りがな

四字熟語

誤字訂正

書き取り

送りがな④

次の——線の**カタカナ**を**漢字一字**と**送りがな（ひらがな）**に直せ。
〈例〉問題に**コタエル**。〔 答える 〕

□□ **1** 新説を<u>トナエル</u>学者が現れた。 〔　　　〕

□□ **2** 日本一の座をかけて<u>アラソウ</u>。 〔　　　〕

□□ **3** 重大な使命を<u>オビル</u>。 〔　　　〕

□□ **4** 雪をいただく山々が<u>ツラナッ</u>ている。〔　　　〕

□□ **5** 台風の被害は全国に<u>オヨブ</u>らしい。 〔　　　〕

□□ **6** 住居とアトリエを<u>カネル</u>家を建てた。〔　　　〕

□□ **7** 体力が<u>ツキル</u>まで走り続けた。 〔　　　〕

□□ **8** <u>イソガシイ</u>毎日を過ごしている。 〔　　　〕

□□ **9** 本当のことか<u>ウタガワシイ</u>話だ。 〔　　　〕

□□ **10** <u>オサナイ</u>ころの思い出を話す。 〔　　　〕

標準解答　　　　　　解　説

1 [唱える] 唱える：人に先立って、自分の意見を主張する。

2 [争う] 争う：ほかと張り合う。相手に勝とうとする。

3 [帯びる] 帯びる：引き受ける。

4 [連なっ] 連なる：たくさんのものが並んで続く。
他の例 連ねる、連れる

5 [及ぶ] 及ぶ：ある範囲に達する。
他の例 及び、及ぼす

6 [兼ねる] 兼ねる：二つ以上の働きや役割を一つのものや一人の人が合わせ持つ。

7 [尽きる] 尽きる：だんだん減っていきついになくなる。
他の例 尽くす、尽かす

8 [忙しい] 忙しい：用事が多くて暇がない。
よくあるX 忙がしい

9 [疑わしい] 疑わしい：本当かどうかあやしい。

10 [幼い] 幼い：年齢が少ない。

179

送りがな⑤

次の――線の**カタカナ**を**漢字一字**と**送りがな（ひらがな）**に直せ。
〈例〉問題に**コタエル**。〔 答える 〕

□□ 1 <u>スケル</u>ほど薄いカーテンだ。　　　〔　　　　〕

□□ 2 一行<u>ヌカシ</u>て読んでしまった。　　　〔　　　　〕

□□ 3 駅前の商店街に店を<u>カマエル</u>。　　　〔　　　　〕

□□ 4 弟子に秘伝を<u>サズケル</u>。　　　　　　〔　　　　〕

□□ 5 大挙して敵の城を<u>セメル</u>。　　　　　〔　　　　〕

□□ 6 すんでのところで危機から<u>ノガレル</u>。〔　　　　〕

□□ 7 古くなったビルを<u>コワス</u>。　　　　　〔　　　　〕

□□ 8 <u>キヨラカナ</u>谷川の水をくむ。　　　　〔　　　　〕

□□ 9 家の外が<u>サワガシカッ</u>た。　　　　　〔　　　　〕

□□ 10 <u>タノモシイ</u>若者に成長した。　　　　〔　　　　〕

標準解答　　　　　　解　説

1 [透ける]
透ける：物をつきぬけて向こうが見える。
他の例 透く、透かす

2 [抜かし]
抜かす：あいだをとばす。
他の例 抜く、抜ける、抜かる

3 [構える]
構える：整った状態につくりあげる。組み立ててつくる。
他の例 構う

4 [授ける]
授ける：教え伝える。
他の例 授かる

5 [攻める]
攻める：こちらから押し寄せて敵と戦う。

6 [逃れる]
逃れる：にげ出す。
他の例 逃げる、逃がす、逃す

7 [壊す]
壊す：力を加えて形をくずす。
他の例 壊れる

8 [清らかな]
清らかだ：汚れのないさま。
他の例 清まる、清める

9 [騒がしかっ]
騒がしい：盛んに声や物音がしてうるさい。
ある✕ 騒しかっ

10 [頼もしい]
頼もしい：たよりにできて、心強い。安心して任せられる。
他の例 頼む、頼る

読み

同音・同訓異字

漢字識別

熟語の構成

部首

対義語・類義語

送りがな

四字熟語

誤字訂正

書き取り

送りがな⑥

次の——線の**カタカナ**を**漢字一字**と**送りがな（ひらがな）**に直せ。
〈例〉問題に**コタエル**。〔 答える 〕

☐☐ **1** 夜空に月が美しく**カガヤク**。　〔　　　　　〕

☐☐ **2** 恐怖のあまり大声で**サケン**だ。　〔　　　　　〕

☐☐ **3** そっと近寄り弟を**オドロカス**。　〔　　　　　〕

☐☐ **4** 自然の**メグミ**が豊かな土地だ。　〔　　　　　〕

☐☐ **5** 日照り続きで農作物が**カレル**。　〔　　　　　〕

☐☐ **6** あまりの寒さに体が**フルエル**。　〔　　　　　〕

☐☐ **7** 今週の運勢を**ウラナウ**。　〔　　　　　〕

☐☐ **8** 受賞して**ホコラシイ**気持ちだ。　〔　　　　　〕

☐☐ **9** **メズラシイ**こともあるものだ。　〔　　　　　〕

☐☐ **10** **アヤウイ**ところで助かった。　〔　　　　　〕

標準解答　　　　　解　説

1 [輝く] 　輝く：まぶしい光を放つ。

2 [叫ん] 　叫ぶ：大きな声でわめく。

3 [驚かす] 　驚かす：びっくりさせる。
他の例 驚く

4 [恵み] 　恵み：めぐむこと。また、いつくしみ。恩恵。

5 [枯れる] 　枯れる：草木の水気がなくなりしなびる。
他の例 枯らす

6 [震える] 　震える：寒さや恐れなどで体が小刻みに動く。
他の例 震う

7 [占う] 　占う：自然や物に現れたきざしなどにより、
運勢などを判断する。
他の例 占める

8 [誇らしい] 　誇らしい：得意で自慢したいさま。

9 [珍しい] 　珍しい：めったにない。まれである。

10 [危うい] 　危うい：きけんが迫っている。あぶない。
他の例 危ない、危ぶむ

読み
同音・同訓異字
漢字識別
熟語の構成
部首
対義語・類義語
送りがな
四字熟語
誤字訂正
書き取り

183

四字熟語①

文中の**四字熟語**の——線の**カタカナ**を**漢字一字**に直せ。

☐☐ 1 一**チ**団結して困難に立ち向かう。 [　　　]

☐☐ 2 沈思**モッ**考の後に口を開いた。 [　　　]

☐☐ 3 **ゼン**人未到の記録を達成する。 [　　　]

☐☐ 4 **ゼ**非善悪は社会生活の中で学ぶ。 [　　　]

☐☐ 5 あまりの痛さに七転八**トウ**した。 [　　　]

☐☐ 6 強敵相手に力戦奮**トウ**する。 [　　　]

☐☐ 7 **ハク**利多売で事業を展開してきた。 [　　　]

☐☐ 8 経営者として信賞必**バツ**を心がける。[　　　]

☐☐ 9 月末は不**ミン**不休で働いた。 [　　　]

☐☐ 10 経営の展望は五里**ム**中の状態だ。 [　　　]

標準解答 | 解説

読み
同音・同訓異字
漢字識別
熟語の構成
部首
対義語・類義語
送りがな
四字熟語
誤字訂正
書き取り

1 [致] 一致団結：多くの人が一つの目的のためにまとまること。

2 [黙] 沈思黙考：だまって深く考えること。

3 [前] 前人未到：今までだれも成しとげたことがないこと。
✐「未到」はだれもたどり着いていない所。

4 [是] 是非善悪：物事のよしあし。
✐全ての事物の判断の基準を示した語。

5 [倒] 七転八倒：激しい苦痛に転げ回ってもがき苦しむこと。
✐七回転げ回り、八回たおれること。

6 [闘] 力戦奮闘：力の限り戦うこと。
✐「力戦」は持っている力の全てで戦うこと。

7 [薄] 薄利多売：利益を少なくして品物を多く売ること。

8 [罰] 信賞必罰：功績のあった者には必ず賞を与え、罪を犯した者には必ずばつを課すということ。

9 [眠] 不眠不休：ねむらず休まず事にあたること。

10 [霧] 五里霧中：物事の手がかりがつかめず、見込みが立たずにとまどっているさま。

四字熟語②

文中の**四字熟語**の――線の**カタカナ**を**漢字一字**に直せ。

□□ **1** いつでも**冷静チン着**ている。 [　]

□□ **2** おくびょうで**小心ヨク々**としている。 [　]

□□ **3** 他人の説にすぐ**付和ライ同**する人だ。 [　]

□□ **4** **思リョ分別**に欠ける行為だった。 [　]

□□ **5** 広告では**美辞レイ句**を連ねていた。 [　]

□□ **6** ひたすら**時節トウ来**を待つ。 [　]

□□ **7** 首相の**一キョ一動**が報道される。 [　]

□□ **8** 両者は**トウ志満々**で向かい合った。 [　]

□□ **9** **危急存ボウ**のときに直面する。 [　]

□□ **10** **老成エン熟**の師の教えを心に刻む。 [　]

標準解答　　　　　　解説

読み

同音・同訓異字

漢字識別

熟語の構成

部首

対義語・類義語

送りがな

四字熟語

誤字訂正

書き取り

1 [沈] 冷静沈着（れいせいちんちゃく）：物事に動じずあわてることのないさま。

2 [翼] 小心翼々（しょうしんよくよく）：気が小さくびくびくしているさま。
✒ 本来は、慎み深くうやうやしいさまの意。

3 [雷] 付和雷同（ふわらいどう）：他人の意見にすぐ同調すること。
✒「雷同」は、かみなりが鳴ると物がそれに応じて響くという意味。

4 [慮] 思慮分別（しりょふんべつ）：物事に深く考えを巡らし判断すること。
✒ 道理をわきまえた大人の考え方という意味。

5 [麗] 美辞麗句（びじれいく）：美しく飾り立てた言葉。

6 [到] 時節到来（じせつとうらい）：待ちかねていた好機がやってくること。
✒「時節」はよい機会のこと。

7 [挙] 一挙一動（いっきょいちどう）：一つ一つの動作や振る舞い。

8 [闘] 闘志満々（とうしまんまん）：戦おうとする意欲に満ちあふれているさま。

9 [亡] 危急存亡（ききゅうそんぼう）：危険が迫っていて、生きるか死ぬかの分かれ目のこと。
✒「危急」は危険が迫ること。

10 [円] 老成円熟（ろうせいえんじゅく）：経験を積み、人格、知識、技能などが十分に熟達して、豊かな内容を持っていること。

四字熟語③

文中の**四字熟語**の──線の**カタカナ**を**漢字一字**に直せ。

□□ 1 <u>シン</u>小棒大に言いふらされた。 〔　　　〕

□□ 2 <u>ソウ</u>意工夫が感じられる作品だ。 〔　　　〕

□□ 3 学界きっての**博<u>ラン</u>強記**で知られる。〔　　　〕

□□ 4 旧友が集まり**<u>ダン</u>論風発**した。 〔　　　〕

□□ 5 **熟<u>リョ</u>断行**して活路を得る。 〔　　　〕

□□ 6 歴史を学び**<u>オン</u>故知新**の精神を知る。〔　　　〕

□□ 7 バザーは**<u>ギョク</u>石混交**が常だ。 〔　　　〕

□□ 8 **天<u>サイ</u>地変**で国民の意識が変わる。 〔　　　〕

□□ 9 神社にもうでて**豊年<u>マン</u>作**を願う。 〔　　　〕

□□ 10 **完全無<u>ケツ</u>**の人間などいない。 〔　　　〕

標準解答　　解説

1 〔 針 〕
針小棒大：小さな物事をおおげさに言うたとえ。
✐ はりほどの小さなものを棒のように大きく言うという意味。

2 〔 創 〕
創意工夫：新しいことを考え出し、いろいろ手段を巡らすこと。

3 〔 覧 〕
博覧強記：広く書物を読んでよく覚えていること。
✐ 「強記」は記憶力の優れていること。

4 〔 談 〕
談論風発：盛んに会話や議論をすること。
✐ 「風発」は風が吹き起こるように勢いが盛んなこと。

5 〔 慮 〕
熟慮断行：よくよく考えた上で思い切って行うこと。
✐ 「断行」は断固として実行するという意味。

6 〔 温 〕
温故知新：昔のことを調べて新しい知識などを得ること。
✐ もとは『論語』の言葉。

7 〔 玉 〕
玉石混交：優れたものと劣ったものが区別なく入り混じっていることのたとえ。

8 〔 災 〕
天災地変：自然界に起こるさまざまなわざわい。

9 〔 満 〕
豊年満作：農作物が豊かに実り、収穫の多いこと。また、その年。
✐ 「豊年」は穀物のよく実った年のこと。

10 〔 欠 〕
完全無欠：どこから見ても、足りない点や不足が全くないこと。

読み / 同音・同訓異字 / 漢字識別 / 熟語の構成 / 部首 / 対義語・類義語 / 送りがな / 四字熟語 / 誤字訂正 / 書き取り

189

四字熟語④

文中の**四字熟語**の——線の**カタカナ**を**漢字一字**に直せ。

□□ 1 田舎で**自キュウ**自足の生活を送る。 [　　　]

□□ 2 彼の話は**社交ジ令**が多そうだ。 [　　　]

□□ 3 その画家は**大器バン成**の人だ。 [　　　]

□□ 4 **ギ論百出**で出し物が決まらない。 [　　　]

□□ 5 どの作品も**同コウ異曲**だった。 [　　　]

□□ 6 **単トウ直入**に質問した。 [　　　]

□□ 7 先輩は**不言ジッ行**の人だ。 [　　　]

□□ 8 **一ボウ千里**の大平原が広がる。 [　　　]

□□ 9 **当意ソク妙**な答えが返ってきた。 [　　　]

□□ 10 近所の神社の**故事来レキ**を調べた。 [　　　]

標準解答 　 解 説

読み　同音・同訓異字　漢字識別　熟語の構成　部首　対義語・類義語　送りがな　**四字熟語**　誤字訂正　書き取り

1 〔 給 〕
自給自足：必要なものを自分でまかない十分に足りるようにすること。

2 〔 辞 〕
社交辞令：社交上のあいさつ。また、相手をただ喜ばせるためだけの、うわべのあいさつ。

3 〔 晩 〕
大器晩成：大人物は世に出るまで時間がかかるということ。

4 〔 議 〕
議論百出：さまざまな意見が戦わされること。
✎「百出」はさまざまなものが数多く出るという意味。

5 〔 工 〕
同工異曲：外見は異なるが、内容は似たり寄ったりであること。

6 〔 刀 〕
単刀直入：すぐに本題に入るさま。
✎一本のかたなを持ち、単身で敵陣に切りこむという意味から。

7 〔 実 〕
不言実行：するべきことを黙ってすること。
✎「不言」はくちに出してとやかく言わないこと。

8 〔 望 〕
一望千里：非常に見晴らしのよいことのたとえ。
✎ひと目で千里も遠く見晴らせるという意味。

9 〔 即 〕
当意即妙：機転をきかせて、その場にあった対応をするさま。

10 〔 歴 〕
故事来歴：古くから伝わっている事柄についての由来や伝来の事情など。
✎「故事」は昔あったこと。

四字熟語⑤

文中の**四字熟語**の――線の**カタカナ**を漢字一字に直せ。

☐☐ 1 平身**テイ**頭して謝った。 [　　　　]

☐☐ 2 問答無**ヨウ**で断られ、釈然としない。 [　　　　]

☐☐ 3 昔から悪事千**リ**を走るという。 [　　　　]

☐☐ 4 さわやかで品行**ホウ**正な青年だ。 [　　　　]

☐☐ 5 まさに電光石**カ**の早業だ。 [　　　　]

☐☐ 6 新進気**エイ**のピアニストが演奏する。 [　　　　]

☐☐ 7 兄とのけんかは一**ケン**落着した。 [　　　　]

☐☐ 8 友人の**ハク**学多才に舌を巻く。 [　　　　]

☐☐ 9 **イ**風堂々たる態度で入場する。 [　　　　]

☐☐ 10 考えるうちに自己矛**ジュン**に気づく。 [　　　　]

標準解答	解　説

1 [低]
平身低頭：ひたすら謝罪すること。
✔ 体をかがめ、頭をひくく下げて恐れ入る意から。

2 [用]
問答無用：あれこれ議論しても何の利益もないこと。
✔ 話を強圧的に打ち切るときに使われる言葉。

3 [里]
悪事千里：悪いことは評判になりやすいということのたとえ。

4 [方]
品行方正：行いや心が正しく、やましい点がないこと。
✔ 「品行」は行いのこと。

5 [火]
電光石火：動作や振る舞いが非常にすばやいこと。

6 [鋭]
新進気鋭：ある分野に新しく登場し、意気込みが盛んで将来性があること。

7 [件]
一件落着：物事が解決すること。決着すること。
✔ 「落着」は物事の決まりがつくこと。

8 [博]
博学多才：広く学問に通じ、才能が豊かなこと。
✔ 「多才」は才能が豊富なこと。

9 [威]
威風堂々：態度や外見が周囲を圧倒するほど立派なさま。

10 [盾]
自己矛盾：同一人物の考えや行動について、前後でつじつまが合わなくなること。

読み

同音・同訓異字

漢字識別

熟語の構成

部首

対義語・類義語

送りがな

四字熟語

誤字訂正

書き取り

四字熟語⑥

文中の**四字熟語**の——線の**カタカナ**を**漢字一字**に直せ。

□□ 1 祖父の言葉を**後ショウ大事**に守る。　[　　　　]

□□ 2 **百キ夜行**の業界にメスを入れる。　[　　　　]

□□ 3 **サイ色兼備**な先輩にあこがれる。　[　　　　]

□□ 4 **意志ケン固**に最後までやり通す。　[　　　　]

□□ 5 **難コウ不落**と言われた城だ。　[　　　　]

□□ 6 **一ショク即発**の事態に息を詰める。　[　　　　]

□□ 7 ついに**人セキ未踏**の秘境に入った。　[　　　　]

□□ 8 **前ト有望**の新人がそろった。　[　　　　]

□□ 9 家族は**異ク同音**に反対した。　[　　　　]

□□ 10 **好キ到来**と迷わず打って出た。　[　　　　]

標準解答 | 解説

1 〔 生 〕
後生大事：物を大切に保持すること。
🖊 もとは仏教の言葉。

2 〔 鬼 〕
百鬼夜行：多くの悪人がはびこること。
🖊 多くの化け物が夜中に行列をつくって歩くという意味。

3 〔 才 〕
才色兼備：高い知性と美しい容姿を兼ね備えていること。
🖊 女性に対してのほめ言葉として使われる。

4 〔 堅 〕
意志堅固：気持ちがしっかりとして、かたいこと。

5 〔 攻 〕
難攻不落：城などがせめ落としにくいこと。
🖊 なかなか思いどおりにならないことのたとえ。

6 〔 触 〕
一触即発：非常に差し迫った状態のこと。
🖊 ちょっとふれただけで、すぐ爆発しそうな状態という意味から。

7 〔 跡 〕
人跡未踏：まだ一度も人が足を踏み入れたことがないこと。

8 〔 途 〕
前途有望：将来に大いに見込みがあること。

9 〔 口 〕
異口同音：多くの人がくちをそろえて、同じことを言うこと。

10 〔 機 〕
好機到来：絶好のチャンスに恵まれること。

読み / 同音・同訓異字 / 漢字識別 / 熟語の構成 / 部首 / 対義語・類義語 / 送りがな / 四字熟語 / 誤字訂正 / 書き取り

195

四字熟語⑦

文中の**四字熟語**の──線の**カタカナ**を**漢字一字**に直せ。

☐☐ 1 クーデターで**物情ソウ然**としている。[　　　]

☐☐ 2 今年は**多事多タン**な一年だった。[　　　]

☐☐ 3 彼の苦しみは**ジン常一様**ではない。[　　　]

☐☐ 4 **用意周トウ**な計画を立てる。[　　　]

☐☐ 5 新しい議長が**満場一チ**で選ばれた。[　　　]

☐☐ 6 **金城鉄ペキ**の守りを破った。[　　　]

☐☐ 7 ピンチを**危機一パツ**で切り抜けた。[　　　]

☐☐ 8 母の死に接して**愛別リ苦**の心境だ。[　　　]

☐☐ 9 近年は**天変地イ**の被害が多い。[　　　]

☐☐ 10 **一進一タイ**の攻防が続いた。[　　　]

標準解答　　　　　解　説

1 [騒]
ぶつじょうそうぜん
物情騒然：世間がさわがしく、落ち着かないさま。
✎ 「物情」は世間のありさまや、人々の心情。

2 [端]
たじたたん
多事多端：仕事が多くて忙しいこと。
✎ 「多事」は仕事が多いこと、「多端」は忙しいさま。

3 [尋]
じんじょういちよう
尋常一様：ほかと変わりなくあたりまえなさま。
✎ 「一様」は行動、状態などがほかと変わらないさま。

4 [到]
よういしゅうとう
用意周到：心遣いが行き届いて、準備に手抜かりのないさま。

5 [致]
まんじょういっち
満場一致：その場にいる全員が同じ意見でまとまること。
✎ 「満場」はその場の全員のこと。

6 [壁]
きんじょうてっぺき
金城鉄壁：非常に守りが固くつけ入るすきのないことのたとえ。
✎ 城やかべが金や鉄のように堅固という意から。

7 [髪]
ききいっぱつ
危機一髪：非常に危ない状態が迫っていること。

8 [離]
あいべつりく
愛別離苦：愛する者との別れのつらさ。
✎ 仏教で言う八苦（八種の苦しみ）の一つ。

9 [異]
てんぺんちい
天変地異：地震、暴風、噴火など、天地の間に起こる自然の変わった出来事。
✎ 「天変」は天に起こる変動のこと。

10 [退]
いっしんいったい
一進一退：状態がよくなったり悪くなったりすること。

読み　同音・同訓異字　漢字識別　熟語の構成　部首　対義語・類義語　送りがな　四字熟語　誤字訂正　書き取り

197

四字熟語⑧

文中の**四字熟語**の——線の**カタカナ**を**漢字一字**に直せ。

□□ 1 意志<u>ハク</u>弱な性格を直したい。 [　　　]

□□ 2 <u>リ</u>合集散を繰り返し党は弱体化した。 [　　　]

□□ 3 出た意見は<u>ダイ</u>同小異だった。 [　　　]

□□ 4 無理算<u>ダン</u>して費用を調達する。 [　　　]

□□ 5 <u>イン</u>果応報と思い、行いを改める。 [　　　]

□□ 6 プレゼントに彼は<u>キ</u>色満面だ。 [　　　]

□□ 7 うまくいったと自<u>ガ</u>自賛した。 [　　　]

□□ 8 争いを一<u>トウ</u>両断に裁いた。 [　　　]

□□ 9 問題は急<u>テン</u>直下、決着した。 [　　　]

□□ 10 適<u>ザイ</u>適所を心得た人事だ。 [　　　]

標準解答 | 解 説

1 [薄]

意志薄弱：意志が弱く、決定や決行ができないさま。

2 [離]

離合集散：寄り集まったり、別々になったりすること。
✎「集散」は集まることとはなれ去ること。

3 [大]

大同小異：細かい点に違いはあるが、だいたいは同じであること。

4 [段]

無理算段：どうにかやりくりして、物事や金銭の都合をつけること。
✎「算段」は工面すること。

5 [因]

因果応報：人の行いの善悪に応じてその報いが表れること。
✎もとは仏教の言葉。

6 [喜]

喜色満面：顔いっぱいによろこびの表情があふれているさま。
✎「満面」は顔全体のこと。

7 [画]

自画自賛：自分のことを自分でほめること。
✎本来は他人に書いてもらう「賛」（絵に添える詩文のこと）を自分で書くという意味から。

8 [刀]

一刀両断：一気に決めたり処理をしたりすること。
✎ただひと切りで物を二つに断つの意から。

9 [転]

急転直下：事態が突然変化して解決に向かうこと。
✎「直下」はまっすぐに落ちるという意味。

10 [材]

適材適所：その人の性格や能力に適した地位や任務に就かせること。

読み

同音・同訓異字

漢字識別

熟語の構成

部首

対義語・類義語

送りがな

四字熟語

誤字訂正

書き取り

誤字訂正①

次の各文にまちがって使われている**同じ読みの漢字**が**一字**ある。
誤字と、**正しい漢字**を答えよ。

誤　　正

☐☐ 1　各自動車会社は低燃費の追求から安
全機能の重使に路線を変更した。　　　[　]→[　]

☐☐ 2　放写線は空港での手荷物検査や医療
器具の消毒などに利用されている。　　[　]→[　]

☐☐ 3　状況や情勢の変化に応じて対諸でき
るように準備しておく。　　　　　　　[　]→[　]

☐☐ 4　豪雨で被済した地域にボランティア
が派遣され、救護活動にあたった。　　[　]→[　]

☐☐ 5　神社の境内にある樹令千年の大イ
チョウが天然記念物に指定された。　　[　]→[　]

☐☐ 6　ビルの外壁から広告看板の部品が落
下して負障者が出た。　　　　　　　　[　]→[　]

☐☐ 7　社長が、経営理念を実現するための
基本方信を説明した。　　　　　　　　[　]→[　]

☐☐ 8　飼い主の旅行中に犬やねこを預かる
ペット先用ホテルを使う人が増えた。　[　]→[　]

☐☐ 9　優秀な演送家を輩出してきた国際音
楽コンクールに出場する。　　　　　　[　]→[　]

☐☐ 10　幅広い分野の評論家の論説を連載し
てきた雑誌が装刊百周年を迎えた。　　[　]→[　]

標準解答　　　　解　説

誤　正

1 [使]→[視]　重視：重く見ること。大切なこととして注意して見ること。

2 [写]→[射]　放射線：ほうしゃ性物質から放出される粒子や電磁波の総称。

3 [諸]→[処]　対処：ある事態に対応して適切な取り扱いを行うこと。

4 [済]→[災]　被災：火事、大水、地震などで損害や危害を受けること。

5 [令]→[齢]　樹齢：樹木の年。

6 [障]→[傷]　負傷：けがをすること。きずを負うこと。

7 [信]→[針]　方針：行動の原則や基本。また、目指す方向。

8 [先]→[専]　専用：特定の人のみが使うこと。

9 [送]→[奏]　演奏：音楽をかなでること。

10 [装]→[創]　創刊：定期刊行物を新しく発刊すること。

読み / 同音・同訓異字 / 漢字識別 / 熟語の構成 / 部首 / 対義語・類義語 / 送りがな / 四字熟語 / 誤字訂正 / 書き取り

誤字訂正②

次の各文にまちがって使われている**同じ読み**の漢字が**一字**ある。
誤字と、**正しい漢字**を答えよ。

☐☐ 1 世界で活約する日本人選手の様子を
伝える映像が人々を勇気づけた。 〔　〕→〔　〕

☐☐ 2 この新車は、環境に配慮した機能に
加え、自動ブレーキも層備している。 〔　〕→〔　〕

☐☐ 3 台風で鉄道が運休し、県内の旅館は
宿迫予約のキャンセルが相次いだ。 〔　〕→〔　〕

☐☐ 4 現代医療講座で、造器の模型を使っ
た手術のテレビ中継を見る。 〔　〕→〔　〕

☐☐ 5 寺院の天井の補存修理が終わり、極
彩色の花柄が鮮明によみがえった。 〔　〕→〔　〕

☐☐ 6 無人惑星担査機を打ち上げ、地球外
の知的生命体の存在をさぐる。 〔　〕→〔　〕

☐☐ 7 移動手団として、バスや電車などの
公共交通の利用が勧められている。 〔　〕→〔　〕

☐☐ 8 日本社会を見事に描写した小説で話題
を呼んだ英国の貯名な作家が来日した。 〔　〕→〔　〕

☐☐ 9 家電の添示即売会に出かけ、格安の
冷蔵庫を手に入れた。 〔　〕→〔　〕

☐☐ 10 業績不振から、先日の役員会で支店
の統合と閉鎖が検当された。 〔　〕→〔　〕

(標準解答)
誤　　正

(解　説)

1 [約]→[躍]　活躍：目ざましい働きをすること。

2 [層]→[装]　装備：必要な用具、付属品などを準備すること。

3 [迫]→[泊]　宿泊：自分の家以外にとまること。特に、旅先で、旅館やホテルなどにとまること。

4 [造]→[臓]　臓器：体内にある胃や腸などのさまざまな器官。

5 [補]→[保]　保存：そのままの状態でとっておくこと。

6 [担]→[探]　探査：様子をさぐり調べること。

7 [団]→[段]　手段：目的を実現するための方法。

8 [貯]→[著]　著名：名前が世間に広く知られていること。

9 [添]→[展]　展示：作品、品物、資料などを並べて一般の人に見せること。

10 [当]→[討]　検討：物事を多方面から調べて、内容を判断すること。

読み

同音・同訓異字

漢字識別

熟語の構成

部首

対義語・類義語

送りがな

四字熟語

誤字訂正

書き取り

誤字訂正③

次の各文にまちがって使われている**同じ読み**の漢字が**一字**ある。
誤字と、**正しい漢字**を答えよ。

誤　　正

☐☐ 1　鉄工所の社長である父は、決算前に
　　　なると資金繰りに句慮している。　　〔　〕→〔　〕

☐☐ 2　重役会議の資料提出期現が明日に迫
　　　り、データの取りまとめに忙しい。　〔　〕→〔　〕

☐☐ 3　暗否が不明という情報が流れた被害
　　　者全員の無事が確認された。　　　　〔　〕→〔　〕

☐☐ 4　市長選も終盤に近づき降補者たちは
　　　浮動票の獲得に全力をあげている。　〔　〕→〔　〕

☐☐ 5　パリを拠点とする日本人作家が母校
　　　を報問し、読書会を開いた。　　　　〔　〕→〔　〕

☐☐ 6　国内屈指の機模を誇る寺院の木造建
　　　築の堂塔が、国宝に指定された。　　〔　〕→〔　〕

☐☐ 7　音声通約機は気軽に使用でき、海外
　　　旅行に欠かせない便利なアイテムだ。〔　〕→〔　〕

☐☐ 8　病院の経栄を圧迫する医療費未払い
　　　の実態が、新聞で報道された。　　　〔　〕→〔　〕

☐☐ 9　青年と村の娘の悲恋を描いた創作劇
　　　が市の協力で上援された。　　　　　〔　〕→〔　〕

☐☐ 10　この法案は全会一致で課決されるこ
　　　とを前提に、議会に提出された。　　〔　〕→〔　〕

標準解答　　　　　　解説

誤　正

1 ［句］→［苦］ 苦慮：事の成り行きを心配しいろいろ考えること。

2 ［現］→［限］ 期限：その時までに行うということが前もって決められた時期。

3 ［暗］→［安］ 安否：無事でいるかどうか。

4 ［降］→［候］ 候補：ある地位などの対象として挙げられている人や物。

5 ［報］→［訪］ 訪問：人をたずねること。

6 ［機］→［規］ 規模：物事の構えや仕組みの大きさ。スケール。

7 ［約］→［訳］ 通訳：言語の違いなどにより言葉が通じない人々の間で、それぞれの言語に言葉を言い直して伝えること。

8 ［栄］→［営］ 経営：継続的、計画的に事業を行うこと。

9 ［援］→［演］ 上演：観客に見せるために、劇などを舞台ですること。

10 ［課］→［可］ 可決：提出された議案をよいと認めて決定すること。

読み

同音・同訓異字

漢字識別

熟語の構成

部首

対義語・類義語

送りがな

四字熟語

誤字訂正

書き取り

誤字訂正④

次の各文にまちがって使われている**同じ読み**の漢字が**一字**ある。
誤字と、**正しい漢字**を答えよ。

誤　　　正

☐☐ 1　人手不足解少に、病院では人工知能を備えたロボットを導入している。　[　]→[　]

☐☐ 2　学級委員からの提案で、小鳥の使育係をくじで決めた。　[　]→[　]

☐☐ 3　生物の種やその生育地の急激な現少を引き起こす原因は乱獲や開発だ。　[　]→[　]

☐☐ 4　運動不足や不規則な食事は、生活習環病の原因になりやすい。　[　]→[　]

☐☐ 5　恒礼の盆踊り体験会があり、参加者は着飾って楽しんだ。　[　]→[　]

☐☐ 6　外国の要人が来日するため、明日から大規模な交通規整が行われる。　[　]→[　]

☐☐ 7　長期の休みを取得する際には専用の書式で届けを提出する技務がある。　[　]→[　]

☐☐ 8　台風による水害で人命急助を行った団体に、県が感謝状を贈った。　[　]→[　]

☐☐ 9　学校の設備については、異常がないか専門業者が定期的に点険している。　[　]→[　]

☐☐ 10　調査団は、紀元前に西アジアで栄えた国の未逃掘の王墓を発見した。　[　]→[　]

標準解答
誤　正

解　説

1　[少]→[消]　解消：それまでの状態がなくなること。

2　[使]→[飼]　飼育：動物を育てること。

3　[現]→[減]　減少：少なくなること。へらして少なくすること。

4　[環]→[慣]　習慣：長い間繰り返すうちに自然と身についた決まりごと。

5　[礼]→[例]　恒例：いつも決まって行われること。いつものしきたり。

6　[整]→[制]　規制：決まりによって活動などを狭めること。

7　[技]→[義]　義務：立場に応じて、しなければならないとされていること。
✎「人としての務め」という意味もある。

8　[急]→[救]　救助：危険な状態からすくい助けること。

9　[険]→[検]　点検：誤りや異常がないかどうかを、ひとつひとつ調べること。

10　[逃]→[盗]　盗掘：古い墓などを無断で掘りおこしてうめてある貴重品をぬすむこと。

誤字訂正⑤

次の各文にまちがって使われている**同じ読みの漢字**が**一字**ある。
誤字と、**正しい漢字**を答えよ。

誤　　正

□
□ 1　制元速度を守って走行することが事
　　故防止や歩行者の保護につながる。　〔　〕→〔　〕

□
□ 2　公開答論会で子育て支援について対策
　　を打ち出した女性候補者が当選した。〔　〕→〔　〕

□
□ 3　新人二人が激突した知事選は即日開
　　票され、深夜には当落が格定した。　〔　〕→〔　〕

□
□ 4　猛特訓の効価があらわれ、悲願の全
　　国大会に出場することができた。　　〔　〕→〔　〕

□
□ 5　児童たちは警察署見学で鑑識官の指導
　　のもと指紋の採守が体験でき大喜びだ。〔　〕→〔　〕

□
□ 6　銀行員などをよそおい、高齢者の金
　　をだましとる反罪が多発している。　〔　〕→〔　〕

□
□ 7　老舗の和菓子店が新事業としてクッ
　　キーの製蔵と販売を計画している。　〔　〕→〔　〕

□
□ 8　駅伝大会で、後方の選手が少しずつ
　　許離を縮めて先頭集団に追いついた。〔　〕→〔　〕

□
□ 9　会社の業績が好調のため、設備投試
　　に回す予算が想定以上に増えた。　　〔　〕→〔　〕

□
□ 10　医良技術の向上によって、病気の予
　　防や早期発見が格段に進歩した。　　〔　〕→〔　〕

（標準解答）　　　（解　説）

誤　正

1 ［元］→［限］ 制限：範囲を定めて、そこから出ないようにおさえること。

2 ［答］→［討］ 討論：意見を出して論じ合うこと。

3 ［格］→［確］ 確定：はっきりと決まること。また、決めること。

4 ［価］→［果］ 効果：ききめ。

5 ［守］→［取］ 採取：選びとること。
✐特に、研究、調査に必要なものを選び、手に入れること。

6 ［反］→［犯］ 犯罪：罪をおかすこと。また、おかした罪。

7 ［蔵］→［造］ 製造：物をつくること。原料や未完成品に手を加えて製品にすること。

8 ［許］→［距］ 距離：二点間のへだたり、長さ。

9 ［試］→［資］ 投資：利益を見込んで、事業に金銭などを投入すること。

10 ［良］→［療］ 医療：医術により病気や傷を治すこと。

読み

同音・同訓異字

漢字識別

熟語の構成

部首

対義語・類義語

送りがな

四字熟語

誤字訂正

書き取り

誤字訂正⑥

次の各文にまちがって使われている**同じ読みの漢字**が**一字**ある。**誤字**と、**正しい漢字**を答えよ。

誤　　正

□ □ 1　県は登山客に人気のある山への入山協力金の徴収を本確的に導入した。　[　]→[　]

□ □ 2　マラソン大会で、前回優勝者のデータを綿密に研究して戦述を立てた。　[　]→[　]

□ □ 3　誕生パーティーに友人から紹待されたため、贈り物を探しに出かけた。　[　]→[　]

□ □ 4　血液と同じ濃度にした生理食塩水の点滴は、重い脱水状体の人に有効だ。　[　]→[　]

□ □ 5　記録的な豪雨で交通機関が低止し、大会は来週末に延期となった。　[　]→[　]

□ □ 6　高齢化社会に対応するべく、健康保険成度の改定が検討された。　[　]→[　]

□ □ 7　県議会議員選挙で仕持する立候補者の応援演説をする。　[　]→[　]

□ □ 8　戦後の発展に偉大な攻績を残した科学者の伝記を読む。　[　]→[　]

□ □ 9　知事選終盤になり、両候補は新駅健設の是非を争点に舌戦を繰り広げた。　[　]→[　]

□ □ 10　点検の結果、ネジの列化が原因で機械の調子が悪いことが判明した。　[　]→[　]

標準解答
誤　正

解　説

1 〔確〕→〔格〕　本格的：本調子になるさま。

2 〔述〕→〔術〕　戦術：目的を達するための方策や手段。

3 〔紹〕→〔招〕　招待：人を客としてまねいてもてなすこと。

4 〔体〕→〔態〕　状態：移り変わる物事や人の様子。また、そのときのありさま。

5 〔低〕→〔停〕　停止：動いていたものが途中で止まること。また、止めること。

6 〔成〕→〔制〕　制度：国家や団体などを運営していくための法規則。

7 〔仕〕→〔支〕　支持：人の意見や行動などに賛同し、力を貸してあと押しをすること。

8 〔攻〕→〔功〕　功績：手柄。大きな働き。

9 〔健〕→〔建〕　建設：たてものや道路などを新たに造ること。

10 〔列〕→〔劣〕　劣化：品質や性能などが低下すること。

読み

同音・同訓異字

漢字識別

熟語の構成

部首

対義語・類義語

送りがな

四字熟語

誤字訂正

書き取り

誤字訂正⑦

次の各文にまちがって使われている**同じ読み**の漢字が**一字**ある。
誤字と、**正しい漢字**を答えよ。

誤　　　正

□□ 1　待機児童解消のため、市は保育園の
　　　新接計画を発表した。　　　　　　　　[ ]→[ ]

□□ 2　新たに出版された絵本は、名誉駅長
　　　として有名なネコが主人公だ。　　　　[ ]→[ ]

□□ 3　訪日外国人の減少で、ホテルの宿泊
　　　予約のキャンセルが増化している。　　[ ]→[ ]

□□ 4　探査衛星の観速で、神秘的なオーロ
　　　ラ発生の仕組みが一部解明された。　　[ ]→[ ]

□□ 5　病気で辞職した議員の所続政党で、
　　　後継候補者の選定が行われている。　　[ ]→[ ]

□□ 6　介護離職が社会問題化し、日本経済
　　　に与える巨額の尊失が試算された。　　[ ]→[ ]

□□ 7　この町の駅舎は、国の特別史跡であ
　　　る城の天守閣に似せて解築された。　　[ ]→[ ]

□□ 8　半世紀以上対立してきた二つの国の
　　　国交正状化は大きな話題になった。　　[ ]→[ ]

□□ 9　海外で有名な推理小説作家の原稿は、
　　　一週間定度遅れそうだ。　　　　　　　[ ]→[ ]

□□ 10　地震で樹齢百年の街路樹が倒れ、直
　　　撃を受けた家屋が半戒した。　　　　　[ ]→[ ]

1回目
/10問

2回目
/10問

▶▶▶ 1章
▶▶▶ 2章
▶▶▶ 3章

標準解答		解　説
誤　正		

読み

同音・同訓異字

漢字識別

熟語の構成

部首

対義語・類義語

送りがな

四字熟語

誤字訂正

書き取り

1 [接]→[設]　新設：組織、制度、機関などを新しくつくること。

2 [販]→[版]　出版：印刷その他の方法により、書物を製作して販売すること。

3 [化]→[加]　増加：数量が増えること。増やすこと。

4 [速]→[測]　観測：自然現象の推移や変化を観察すること。

5 [続]→[属]　所属：ある組織や団体に入っていること。

6 [尊]→[損]　損失：利益や財産などをうしなうこと。また、その額。

7 [解]→[改]　改築：建物の一部または全部を建て直すこと。

8 [状]→[常]　正常：正しくふつうであること。何も変わったところがないこと。

9 [定]→[程]　程度：（時間、数量、年齢などを表す語について）およそそのくらい。だいたい。

10 [戒]→[壊]　半壊：建物などが半分ほどこわれること。

誤字訂正⑧

次の各文にまちがって使われている**同じ読みの漢字**が**一字**ある。
誤字と、**正しい漢字**を答えよ。

誤　　　正

☐☐ 1 地中海沿岸部では、温暖な気候に敵した農作物を育てている。 [　]→[　]

☐☐ 2 新人賞受賞の作家が若者の恋愛模様を描いた作品は標判を呼んだ。 [　]→[　]

☐☐ 3 名誉市民の書家から寄贈された書を展示する記念館が権造された。 [　]→[　]

☐☐ 4 皮料として使うために、枯れ草を焼却して灰にする恒例の野焼きを行う。 [　]→[　]

☐☐ 5 球場の一画を整美して子どもたちが自然環境を観察できる公園にする。 [　]→[　]

☐☐ 6 今度開通する高速道路で最長のトンネルの内部が放道陣に公開された。 [　]→[　]

☐☐ 7 海外で和食人気が高まり、みそなどの調味料の油出量が増加している。 [　]→[　]

☐☐ 8 園芸の愛公家が一堂に会し、我が家の自慢の庭について得意げに話し合った。 [　]→[　]

☐☐ 9 蒸気汽関車から新幹線までの車両を展示する鉄道博物館が開館する。 [　]→[　]

☐☐ 10 傷を負った動物を補獲し保護するボランティアの活動が新聞に載った。 [　]→[　]

標準解答

解 説

誤　正

1 [敵]→[適]　<ruby>適<rt>てき</rt></ruby>する：よく当てはまる。ふさわしい。

2 [標]→[評]　<ruby>評判<rt>ひょうばん</rt></ruby>：世間の関心の的になっていること。名高いこと。また、そのさま。

3 [権]→[建]　<ruby>建造<rt>けんぞう</rt></ruby>：たてものや大型の船などをつくること。

4 [皮]→[肥]　<ruby>肥料<rt>ひりょう</rt></ruby>：植物の生長をうながすために、土に与える栄養分。

5 [美]→[備]　<ruby>整備<rt>せいび</rt></ruby>：不完全なところのないように十分に整えること。

6 [放]→[報]　<ruby>報道<rt>ほうどう</rt></ruby>：新聞、テレビなどで知らせること。
✎「報道陣」は、取材のために集まってきた記者やカメラマンたちの集団のこと。

7 [油]→[輸]　<ruby>輸出<rt>ゆしゅつ</rt></ruby>：自国の生産物や製品、また、技術や文化などを外国に売ること。

8 [公]→[好]　<ruby>愛好<rt>あいこう</rt></ruby>：あることがすきで、それを楽しむこと。

9 [汽]→[機]　<ruby>機関車<rt>きかんしゃ</rt></ruby>：駆動用のエンジンを載せて、線路上で客車、貨車を引っ張る鉄道車両。

10 [補]→[捕]　<ruby>捕獲<rt>ほかく</rt></ruby>：鳥、魚、獣などをいけどること。とりおさえること。

読み
同音・同訓異字
漢字識別
熟語の構成
部首
対義語・類義語
送りがな
四字熟語
誤字訂正
書き取り

215

書き取り①

次の――線の**カタカナ**を**漢字**に直せ。

□□ 1 夏の終わりに**センプウキ**を片づける。 [　　　]

□□ 2 **コウタク**のある紙に印刷する。 [　　　]

□□ 3 原野を**カイタク**して耕作地にした。 [　　　]

□□ 4 食品に着色料を**テンカ**する。 [　　　]

□□ 5 **トウメイ**なグラスにジュースを注ぐ。 [　　　]

□□ 6 山あいに日が**カタム**き始めている。 [　　　]

□□ 7 昔は父に**カタグルマ**をしてもらった。 [　　　]

□□ 8 事を**アラダ**てたくはない。 [　　　]

□□ 9 強いにおいが鼻を**サ**す。 [　　　]

□□ 10 感動のあまり言葉に**ツ**まる。 [　　　]

標準解答 解 説

1 [扇風機] 扇風機：回転する羽根で風を発生させてすずしさを得る家電製品。

2 [光沢] 光沢：物の表面のつややかさ。つやつやした輝き。

3 [開拓] 開拓：山林、原野などを切りひらき田畑や居住地、道路をつくること。

4 [添加] 添加：ある物に別の物をくわえること。
✐「添加」の添は「そえる。つけくわえる。」という意味を表す。

5 [透明] 透明：向こうがすきとおって見えること。

6 [傾] 傾く：太陽や月が沈みかかる。
✐傾は「かたむく。心を寄せる。」などの意味を持つ。部首はイ（にんべん）。

7 [肩車] 肩車：相手をかたにまたがらせる形で乗せ、かつぎあげること。

8 [荒立] 荒立てる：物事をもつれさせ面倒にする。

9 [刺] 刺す：鼻や舌などをしげきする。
⚠✖ 左部分の形が不正確な誤答がめだつ。「束」ではないことに注意。

10 [詰] 詰まる：うまい対応ができなくて苦しむ。
⚠✖ 結など似た形「吉」を持つ字と混同した誤答がめだつ。部首は言（ごんべん）。

読み
同音・同訓異字
漢字識別
熟語の構成
部首
対義語・類義語
送りがな
四字熟語
誤字訂正
書き取り

書き取り②

次の——線の**カタカナ**を**漢字**に直せ。

□□ 1　この寺には五重の<u>トウ</u>がある。　　〔　　　〕

□□ 2　ネコの<u>ドウタイ</u>にまだら模様がある。〔　　　〕

□□ 3　朝起きてコップ<u>イッパイ</u>の水を飲む。〔　　　〕

□□ 4　リズムに合わせて<u>テビョウシ</u>を打つ。〔　　　〕

□□ 5　県の強化メンバーに<u>センバツ</u>される。〔　　　〕

□□ 6　髪の毛を短く<u>カ</u>りあげる。　　　　〔　　　〕

□□ 7　図書館は中学校の<u>ナナ</u>め前にある。〔　　　〕

□□ 8　ぶた肉と大根の<u>ニモノ</u>を作る。　　〔　　　〕

□□ 9　卒業が近づき<u>サビ</u>しく感じる。　　〔　　　〕

□□ 10　<u>ネ</u>る間もおしんで働いている。　　〔　　　〕

標準解答　　　　　解　説

1 [塔]
塔：仏教建築における細く高いたてもの。
✏ 塔の部首は ⼟（つちへん）。

2 [胴体]
胴体：からだの中心部。
✏ 飛行機や船にも言う。

3 [一杯]
一杯：ひとつの容器の上まで入る分量。
✏ 杯の部首は ⽊（きへん）。

4 [手拍子]
手拍子：てを打ち鳴らしてリズムを取ること。

5 [選抜]
選抜：よいものをえらび出すこと。
[誤答]✕ 抜に注意。技と混同しないよう、つくりの形が異なることを確認しよう。　抜 ◯

6 [刈]
刈る：切りそろえる。
[誤答]✕ 狩る…「狩る」は「鳥獣を追いつめて捕らえる」という意味の別語。

7 [斜]
斜め：基準となる面や方向に対してずれているさま。

8 [煮物]
煮物：調味したしるを材料に加えて、にた食べもの。

9 [寂]
寂しい：心が満たされず、もの足りないさま。
[誤答]✕ 寝と混同した誤答が目立つ。
4〜9画目の形は「⺭」ではない。　寂 ✕　寂 ◯

10 [寝]
寝る：からだを横たえる。眠る。
[誤答]✕ 10〜11画目がぬけている誤答が目立つ。形をよく確認しよう。　寝 ◯

読み
同音・同訓異字
漢字識別
熟語の構成
部首
対義語・類義語
送りがな
四字熟語
誤字訂正
書き取り

次の——線の**カタカナ**を**漢字**に直せ。

□□ 1 **イッパン**公開前の映画を見る。 [   ]

□□ 2 理科の時間に**ビセイブツ**を観察した。 [   ]

□□ 3 **ボンジン**では社長業は務まらない。 [   ]

□□ 4 周囲を山に囲まれた**ボンチ**に住む。 [   ]

□□ 5 **ゼツミョウ**な演技に息をのんだ。 [   ]

□□ 6 千円札を小銭に**リョウガエ**する。 [   ]

□□ 7 **ス**んだひとみが印象的だ。 [   ]

□□ 8 農園で**ツ**んだいちごを食べる。 [   ]

□□ 9 お祝いの言葉を**ソ**えて花を贈る。 [   ]

□□ 10 姉は黒縁の**メガネ**がよく似合う。 [   ]

標準解答	解説
1［一般］	一般（いっぱん）：多くのふつうのひと。世間。 般の部首は舟（ふねへん）。
2［微生物］	微生物（びせいぶつ）：目で見ることができない小さないきもの。
3［凡人］	凡人（ぼんじん）：世間並みのひと。ふつうのひと。 よくある× 凡に注意。似た形の丹と混同した誤答が目立つ。2画目は外側へ向かってはねる。　× 円　○ 凡
4［盆地］	盆地（ぼんち）：四方を山や高い場所に囲まれた平らな所。
5［絶妙］	絶妙（ぜつみょう）：この上なくたくみで優れているさま。 よくある× 妙に注意。「少」を持つ字と混同した誤答が目立つ。部首は女（おんなへん）。
6［両替］	両替（りょうがえ）：ある種のお金を、それと同額の他種のお金にかえること。
7［澄］	澄（す）む：光や色などに曇りがなく、はっきり見える。
8［摘］	摘（つ）む：指先などではさみ取る。つまみ取る。 よくある× 積む…「積（つ）む」は「ものを重ねて置く」などという意味の別語。
9［添］	添（そ）える：主となるもののそばにつける。補助としてつけくわえる。
10［眼鏡］	眼鏡（めがね）：視力を調整したり、目を保護したりする器具。

書き取り④

次の――線の**カタカナ**を**漢字**に直せ。

☐☐ 1 <u>ジョウホウモウ</u>を広く張り巡らす。　[　　　　]

☐☐ 2 <u>ラクライ</u>のため広い地域で停電した。[　　　　]

☐☐ 3 心から<u>シンライ</u>できる先輩を持つ。　[　　　　]

☐☐ 4 休校の<u>レンラク</u>が入る。　[　　　　]

☐☐ 5 農業や林業などの<u>コウレイ</u>化が進む。[　　　　]

☐☐ 6 <u>トノサマ</u>が住んでいた城を見学する。[　　　　]

☐☐ 7 <u>ヨワタ</u>りがうまいとよく言われる。　[　　　　]

☐☐ 8 <u>ヒトガラ</u>が文章に表れている。　[　　　　]

☐☐ 9 坂道をしっかり<u>フ</u>みしめて下る。　[　　　　]

☐☐ 10 <u>トウゲ</u>の茶屋でひと休みする。　[　　　　]

標準解答 / 解 説

読み

同音・同訓異字

漢字識別

熟語の構成

部首

対義語・類義語

送りがな

四字熟語

誤字訂正

書き取り

1 [情報網]　情報網：情報を探り、収集するために多方面に設けた組織。

2 [落雷]　落雷：かみなりがおちること。
書きX 落に注意。⺾（くさかんむり）を先に書き、その下に「氵」を書くこと。 ×落 〇落

3 [信頼]　信頼：しんじて、たよりにすること。
✎ 頼は「たよる。たのむ。たのみにする。」という意味を持つ。**語例** 依頼

4 [連絡]　連絡：用件などを互いに知らせること。
書きX 絡に注意。似た形「咎」を持つ字と混同した誤答が目立つ。部首は糸（いとへん）。

5 [高齢]　高齢：年れいがたかいこと。年を取っていること。

6 [殿様]　殿様：主君、領主などの敬称。

7 [世渡]　世渡り：よの中で暮らしていくこと。

8 [人柄]　人柄：そのひとに備わっている性質や品格。

9 [踏]　踏む：足を動かして体重をかける。
書きX 同じ部首⻊（あしへん）を持つ字と混同した誤答が目立つ。つくりの形を確認しよう。 〇踏

10 [峠]　峠：山道を登り詰めて、下りにかかる所。
✎ 峠は山の上りと下りのさかいめを表す漢字なので、つくりは「上」「下」の形になっている。

223

次の──線の**カタカナ**を**漢字**に直せ。

☐☐ 1 彼は功績ゆえ**イジン**とたたえられた。 [　　　]

☐☐ 2 外出禁止の**バツ**を受ける。 [　　　]

☐☐ 3 宗教的な**ギシキ**を執り行う。 [　　　]

☐☐ 4 **センギョ**店で刺し身を買う。 [　　　]

☐☐ 5 野球の**ジッキョウ**中継を夢中で聞く。 [　　　]

☐☐ 6 ゆっくり休んで**ツカ**れを取る。 [　　　]

☐☐ 7 **オオハバ**な改革を期待している。 [　　　]

☐☐ 8 アパートの家賃を**マエバラ**いする。 [　　　]

☐☐ 9 細かい点を**ミノガ**さないようにする。 [　　　]

☐☐ 10 旅先で家族への**ミヤゲ**を買い求める。 [　　　]

1回目	2回目
／10問	／10問

標準解答 **解 説**

1 〔 偉人 〕 偉人：ふつうではとうていできない優れた仕事をしたひと。

2 〔 罰 〕 罰：罪やあやまちに対するこらしめ。仕置き。

3 〔 儀式 〕 儀式：神事、祭事などで、一定の作法にのっとった行事。

4 〔 鮮魚 〕 鮮魚：いきのよいさかな。とりたてのさかな。

5 〔 実況 〕 実況：物事のありのままの様子。

6 〔 疲 〕 疲れ：つかれること。くたびれること。
あるある✕ 波と混同した誤答が目立つ。部首が疒（やまいだれ）であることを確認しよう。 疲

7 〔 大幅 〕 大幅：数量、価格などの変動の開きがおおきいさま。

8 〔 前払 〕 前払い：まえもって代金、借料、給料などをはらうこと。

9 〔 見逃 〕 見逃す：みていて気がつかない。みおとす。

10 〔 土産 〕 土産：旅先などで買い求め、家などに持ち帰る品物。
✎「土産」は中学校で学習する熟字訓・当て字。

書き取り⑥

次の――線の**カタカナ**を漢字に直せ。

□□ 1　社長が事業本部長を**ケンニン**する。　［　　　　　］

□□ 2　外部との**セッショク**を試みる。　［　　　　　］

□□ 3　チーム全員で**エンジン**を組む。　［　　　　　］

□□ 4　**タイクツ**しのぎに散歩に出かける。　［　　　　　］

□□ 5　**シハン**の頭痛薬を飲んだ。　［　　　　　］

□□ 6　この道は**ミネ**伝いに続いている。　［　　　　　］

□□ 7　この曲をきくと**ネム**くなる。　［　　　　　］

□□ 8　急に非難の**ホコサキ**を向けられた。　［　　　　　］

□□ 9　犬が**シゲ**みから飛び出してきた。　［　　　　　］

□□ 10　難しい**ヤクガラ**を演じ好評を博した。　［　　　　　］

標準解答　　　　　解　説

読み

同音・同訓異字

漢字識別

熟語の構成

部首

対義語・類義語

送りがな

四字熟語

誤字訂正

書き取り

1 [兼任]　兼任（けんにん）：一人で二つ以上の職務をかねること。

2 [接触]　接触（せっしょく）：他人や外界とつながりを持つこと。

3 [円陣]　円陣（えんじん）：人が集まってまるく並ぶこと。

4 [退屈]　退屈（たいくつ）：することがなく、時間を持て余すこと。

5 [市販]　市販（しはん）：ふつうの小売店で売ること。

6 [峰]　峰（みね）：山の頂。

7 [眠]　眠（ねむ）い：ねむりたくてたまらないさま。
まち×　眼と混同しないこと。眠のつくりは、眠の音読み「みん」と同じ読みを持つ「民」の形。　〇眠

8 [矛先]　矛先（ほこさき）：攻撃する方向。攻撃目標。
まち×　矛に注意。形の似た予と混同した誤答が目立つ。5画目の左はらいを確認しよう。　〇矛

9 [茂]　茂（しげ）み：草木の生いしげっている所。

10 [役柄]　役柄（やくがら）：演劇で、俳優が演じる人物の性格。
✎柄の部首は 木（きへん）。

書き取り⑦

次の——線の**カタカナ**を**漢字**に直せ。

☐☐ 1 和平会談で戦争の危険を**カイヒ**する。 [   ]

☐☐ 2 **キュウヨ**が銀行口座に振り込まれた。 [   ]

☐☐ 3 絵画から**キョウレツ**な印象を受ける。 [   ]

☐☐ 4 **ゴウカイ**な場外ホームランを打つ。 [   ]

☐☐ 5 友人は難問を**ソクザ**に解いた。 [   ]

☐☐ 6 **アミド**からすずしい風が渡る。 [   ]

☐☐ 7 試合前に**ホンゴシ**を入れて練習する。 [   ]

☐☐ 8 階段の**オド**り場で後輩とすれ違う。 [   ]

☐☐ 9 **ツバサ**を広げて大空にはばたく。 [   ]

☐☐ 10 **マメツブ**ほどの小さな人形を作った。 [   ]

標準解答	解　説

1　回避　回避：物事や危険をさけること。

2　給与　給与：官公庁、会社などで、勤務する者に支払われる金、手当て。

3　強烈　強烈：非常に激しいさま。

4　豪快　豪快：規模が大きく力にあふれ、気持ちのよいさま。

5　即座　即座：その場ですぐ。ただちに。

6　網戸　網戸：窓の外側やとびらの内側に設置する虫よけのあみを張った建具。

7　本腰　本腰：物事を真剣にしようとする姿勢。
✎ 腰の部首は 月（にくづき）。

8　踊　踊り場：階段の途中に設けられた幅の広い平らな面。

9　翼　翼：鳥が飛ぶための器官。
解答✗ 7〜11画目の部分が抜けている誤答が目立つ。形をよく確認しよう。

10　豆粒　豆粒：まめのつぶ。
✎ ごく小さいもののたとえに用いる。

書き取り⑧

次の——線の**カタカナ**を**漢字**に直せ。

☐☐ **1** セミが<u>ダッピ</u>する瞬間を見た。 [　　　]

☐☐ **2** 私の<u>ツウショウ</u>は「ハカセ」だ。 [　　　]

☐☐ **3** 祖母が階段で<u>テントウ</u>して骨折した。[　　　]

☐☐ **4** <u>ナンイ</u>四十度付近で一時停船する。 [　　　]

☐☐ **5** <u>ハッポウ</u>事件が起こり一人が負傷した。 [　　　]

☐☐ **6** <u>ナミダゴエ</u>で惨状を訴える。 [　　　]

☐☐ **7** <u>ハナゾノ</u>ではバラが満開だ。 [　　　]

☐☐ **8** 兄の<u>カドデ</u>にふさわしい晴天だ。 [　　　]

☐☐ **9** 足が<u>ナマリ</u>のように重い。 [　　　]

☐☐ **10** 合計金額は<u>イク</u>らになるのか。 [　　　]

1回目	2回目
/10問	/10問

	標準解答	解説

1 〔 脱皮 〕 脱皮：ヘビなどが、成長に応じて古いかわをぬぎ捨てること。

2 〔 通称 〕 通称：正式名ではなく、世間一般に呼ばれている名前。

3 〔 転倒 〕 転倒：ころんでたおれること。

4 〔 南緯 〕 南緯：赤道からみなみへ測る地球の横の線。

5 〔 発砲 〕 発砲：てっぽうなどの弾丸を撃つこと。

6 〔 涙声 〕 涙声：泣きだしそうな人のこえ。
あるある✕ 涙に注意。8～10画目は「大」✕ ○ で「犬」ではない。 涙 涙

7 〔 花園 〕 花園：はなの咲く草木の多くある所。
✏ 園（その）は中学校で学習する訓読み。

8 〔 門出 〕 門出：人生において新しいことを始めること。
✏ 門（かど）は中学校で学習する訓読み。
語例 門松

9 〔 鉛 〕 鉛：金属元素の一つ。灰青色でやわらかく重い。

10 〔 幾 〕 幾ら：どれほど。どれくらい。

読み

同音・同訓異字

漢字識別

熟語の構成

部首

対義語・類義語

送りがな

四字熟語

誤字訂正

書き取り

書き取り⑨

次の──線の**カタカナ**を**漢字**に直せ。

☐☐ **1** 教科書を**モクドク**して内容を覚える。 [　　　　]

☐☐ **2** 大きな**ヨシン**が繰り返し襲ってくる。 [　　　　]

☐☐ **3** いつの間にか長い**サイゲツ**が過ぎた。 [　　　　]

☐☐ **4** ほころびを**タンネン**にぬう。 [　　　　]

☐☐ **5** **イセイ**のよいかけ声が聞こえる。 [　　　　]

☐☐ **6** **セマ**い路地を通る。 [　　　　]

☐☐ **7** **オソ**らく明日は晴れるだろう。 [　　　　]

☐☐ **8** 私の母校は百年の歴史を**ホコ**る。 [　　　　]

☐☐ **9** 家族そろって**シバイ**見物に出かける。 [　　　　]

☐☐ **10** 早朝から一人で**シナイ**を振るう。 [　　　　]

標準解答　　　　　　解　説

1 黙読
黙読：声を出さずによむこと。

2 余震
余震：大きな地震のあとに引き続き何度も起こる小さな地震。

3 歳月
歳月：ねんげつ。としつき。
ここが×　歳に注意。7〜10画目の部分が「示」になっている誤答が目立つ。横画は1つ。

4 丹念
丹念：細かいところまで注意を払うさま。
「丹念」の丹は「まごころ」という意味を表す。

5 威勢
威勢：元気で活気があること。
ここが×　異性…「異性」は、「男女・雌雄の異なること」という意味の別語。

6 狭
狭い：空間が小さい。
ここが×　同じつくり「夾」を持つ字と混同しないよう注意。部首は犭（けものへん）。

7 恐
恐らく：きっと。
確実性の高い推量を表す語。

8 誇
誇る：名誉に思う。また、そのような状態にある。
ここが×　湾と混同したような誤答が目立つ。形を確認しよう。

9 芝居
芝居：演劇の総称。
ここが×　芝に注意。4〜6画目の形が「乏」になっている誤答が多い。

10 竹刀
竹刀：剣道で使う、たけでできたかたな。
「竹刀」は中学校で学習する熟字訓・当て字。

読み / 同音・同訓異字 / 漢字識別 / 熟語の構成 / 部首 / 対義語・類義語 / 送りがな / 四字熟語 / 誤字訂正 / 書き取り

読み①

次の——線の**漢字の読み**を**ひらがな**で記せ。

□□ 1 影響は<u>微々</u>たるものだった。 [   ]

□□ 2 飛行機の<u>主翼</u>を点検する。 [   ]

□□ 3 市場に<u>生鮮</u>な野菜や魚介が並んだ。 [   ]

□□ 4 <u>天賦</u>の才を生かして成功する。 [   ]

□□ 5 少数の<u>精鋭</u>チームを編成する。 [   ]

□□ 6 宮中で<u>雅楽</u>が演奏される。 [   ]

□□ 7 ほうきの<u>柄</u>が折れてしまった。 [   ]

□□ 8 苦しい状況で額に<u>脂汗</u>をにじませる。[   ]

□□ 9 五年で<u>殖</u>えた資産はわずかだ。 [   ]

□□ 10 <u>木綿</u>のハンカチを買う。 [   ]

標準解答

解説

1 [びび]

微々：分量などがごくわずかであるさま。

2 [しゅよく]

主翼：飛行機が浮きあがる力を発生させるつばさ。

3 [せいせん]

生鮮：魚や肉、野菜などが新しくて生き生きとしていること。

4 [てんぷ]

天賦：生まれつき。**類** 天性

5 [せいえい]

精鋭：えり抜きの優れた人材。

6 [ががく]

雅楽：宮中や神社などでの儀礼に用いられる古来の音楽。

7 [え]

柄：持ちやすいように器物につけた細長い部分。

8 [あぶらあせ]

脂汗：精神的・肉体的に苦しいときににじみ出る、ねばっこい汗。

9 [ふ]

殖える：多くなる。
✐ 殖には「繁殖する」の意味もある。

10 [もめん]

木綿：ワタの実からできた糸で織った布地。
✐ 「木綿」は中学校で学習する熟字訓・当て字。

読み

同音・同訓異字

漢字識別

熟語の構成

部首

対義語・類義語

送りがな

四字熟語

誤字訂正

書き取り

読み②

次の——線の**漢字の読み**を**ひらがな**で記せ。

□□ 1　牛乳はカルシウムを豊富に含有する。[　　　]

□□ 2　最新の建築技術に驚嘆した。　　　[　　　]

□□ 3　権力に迎合する考え方だ。　　　　[　　　]

□□ 4　公園の桜が害虫によって枯死した。[　　　]

□□ 5　どんな資源も無尽蔵ではない。　　[　　　]

□□ 6　その申し出は是認できない。　　　[　　　]

□□ 7　昼から急に空模様に陰りが出てきた。[　　　]

□□ 8　人と交わらないと視野が狭まる。　[　　　]

□□ 9　母が軒先で世間話をしている。　　[　　　]

□□ 10　船が大海原を行く。　　　　　　　[　　　]

1回目	2回目
/10問	/10問

▶▶▶ 1章
▶▶▶ 2章
▶▶▶ **3章**

標準解答	解説

1 [がんゆう]
含有：成分としてふくんでいること。
語例 包含

2 [きょうたん]
驚嘆：おどろき感心すること。

3 [げいごう]
迎合：自分の考えを曲げても、相手の気に入るようにすること。

4 [こし]
枯死：草木がかれ果てること。

5 [むじんぞう]
無尽蔵：いくら取ってもなくならないこと。また、多いさま。

6 [ぜにん]
是認：よいと認めること。また、そうであると認めること。

7 [かげ]
陰り：暗くなること。
まちがえる✕ くもり…「くもり」と読むのは「曇り」。

8 [せば]
狭まる：せまくなる。

9 [のきさき]
軒先：家の屋根の突き出た先の部分。

10 [うなばら]
海原：広々とした海。
✎ 「海原」は中学校で学習する熟字訓・当て字。

読み

同音・同訓異字

漢字識別

熟語の構成

部首

対義語・類義語

送りがな

四字熟語

誤字訂正

書き取り

読み③

次の——線の**漢字の読み**を**ひらがな**で記せ。

□□ 1 裁判所に<u>提訴</u>する予定だ。 〔　　　　　〕

□□ 2 父は<u>民俗</u>学の研究をしている。 〔　　　　　〕

□□ 3 これは会社の<u>浮沈</u>に関わる取引だ。 〔　　　　　〕

□□ 4 <u>雑踏</u>にまぎれて見失う。 〔　　　　　〕

□□ 5 水生植物が<u>繁茂</u>している。 〔　　　　　〕

□□ 6 あこがれの人に会えて<u>本望</u>だ。 〔　　　　　〕

□□ 7 参列者への礼状の筆を<u>執</u>る。 〔　　　　　〕

□□ 8 個人の自由を<u>侵</u>してはならない。 〔　　　　　〕

□□ 9 <u>羽振</u>りのよい暮らしをしていた。 〔　　　　　〕

□□ 10 自宅を出て<u>最寄</u>りの駅まで歩く。 〔　　　　　〕

標準解答　　　　解　説

読み

同音・同訓異字

漢字識別

熟語の構成

部首

対義語・類義語

送りがな

四字熟語

誤字訂正

書き取り

1 [ていそ]
提訴：裁判所などに訴え出ること。

2 [みんぞく]
民俗：民衆の間に古くから伝えられている風俗や習慣。

3 [ふちん]
浮沈：栄えたりおとろえたりすること。
✎ 「浮く」と「沈む」で反対の意味。

4 [ざっとう]
雑踏：多くの人数で混み合うこと。

5 [はんも]
繁茂：草や木が生いしげること。

6 [ほんもう]
本望：のぞみがかなって満足であること。
語例 所望

7 [と]
執る：うまく動かして事を行う。処理する。
✎ 「筆を執る」で「文章や絵をかく」の意味。

8 [おか]
侵す：他人の権利や利益などを損なう。
あるＸ ひたす…「ひたす」と読むのは「浸す」。意味は「液体の中につける」。

9 [はぶ]
羽振り：社会的に通用する、人の地位、勢力、経済力などの程度。

10 [もよ]
最寄り：最も近く。近辺。
✎ 「最寄り」は中学校で学習する熟字訓・当て字。

239

次の――線の**漢字の読み**を**ひらがな**で記せ。

□□ 1　かなたにそびえる<u>連峰</u>を見た。　　〔　　　〕

□□ 2　領収書に<u>弐万円</u>と書く。　　〔　　　〕

□□ 3　転んだ<u>拍子</u>に手をついた。　　〔　　　〕

□□ 4　<u>完膚</u>なきまでにたたきのめされた。　〔　　　〕

□□ 5　<u>岸壁</u>を波が打ちつける。　　〔　　　〕

□□ 6　立派な<u>御殿</u>が建っている。　　〔　　　〕

□□ 7　梅雨に備えて<u>堤</u>を補強する。　　〔　　　〕

□□ 8　豊かな大地の恩恵を<u>被</u>っている。　〔　　　〕

□□ 9　式典は<u>厳</u>かに執り行われた。　　〔　　　〕

□□ 10　激しい反論を受けて<u>弱腰</u>になる。　〔　　　〕

標準解答　　　　　解説

読み

同音・同訓異字

漢字識別

熟語の構成

部首

対義語・類義語

送りがな

四字熟語

誤字訂正

書き取り

1 [れんぽう]
連峰：連なり続く山の峰。峰が連なる山々の一群。

2 [にまんえん]
弐万円：弐は「ふたつ。2。」という意味。
✒ 横棒を書き加えることによる不正を防ぐために漢数字の「二」の代わりに使う。

3 [ひょうし]
拍子：はずみ。その瞬間。
✒「拍子」には、「リズム」の意味もある。

4 [かんぷ]
完膚：欠点や傷のない部分。
✒「完膚なきまで」は「無傷の部分がなくなるほど徹底的に」という意味。

5 [がんぺき]
岸壁：船を横づけできるように造った、コンクリートなどのかべ。

6 [ごてん]
御殿：ぜいたくできらびやかな住宅。
✒ 御は、ていねいな意味を表す言葉。

7 [つつみ]
堤：川の水があふれないよう、岸に土や石を高く積みあげたもの。

8 [こうむ]
被る：恩恵や被害などを受ける。

9 [おごそ]
厳か：いかめしく、身が引きしまるほど重々しいさま。

10 [よわごし]
弱腰：態度の弱いこと。消極的な態度。

読み⑤

次の——線の**漢字の読み**を**ひらがな**で記せ。

□□ 1 巨大な建物が権力を誇示するようだ。 [   ]

□□ 2 会議用の書類に資料を添付する。 [   ]

□□ 3 上司に全幅の信頼を寄せる。 [   ]

□□ 4 悲しみをこらえきれずに落涙した。 [   ]

□□ 5 この会社は今が変革の過渡期にある。 [   ]

□□ 6 おっとりした声で鈍重そうな人だ。 [   ]

□□ 7 彼の話は論拠が弱く説得力を欠く。 [   ]

□□ 8 愛犬の命を救うために危険を冒す。 [   ]

□□ 9 わが身を省みて恥じ入る。 [   ]

□□ 10 出かけるにはよい日和だ。 [   ]

標準解答　　　　　　解　説

1 〔 こじ 〕 誇示：ほこらしげに見せびらかすこと。

2 〔 てんぷ 〕 添付：書類などにほかのものを添えてつけること。

3 〔 ぜんぷく 〕 全幅：あるだけ全部。
✏ 幅には横の広さを表す「はば」という意味がある。

4 〔 らくるい 〕 落涙：なみだを流すこと。泣くこと。

5 〔 かとき 〕 過渡期：新しい状態に移って行く途中の時期。

6 〔 どんじゅう 〕 鈍重：動作がのろくて反応がにぶいさま。

7 〔 ろんきょ 〕 論拠：議論のよりどころ。意見の根拠。

8 〔 おか 〕 冒す：危険なことをあえて行う。

9 〔 かえり 〕 省みる：自分の言動を振り返って善悪を考える。反省する。

10 〔 ひより 〕 日和：天気。空模様。
✏ 「日和」は中学校で学習する熟字訓・当て字。

読み
同音・同訓異字
漢字識別
熟語の構成
部首
対義語・類義語
送りがな
四字熟語
誤字訂正
書き取り

243

同音・同訓異字①

次の——線の**カタカナ**にあてはまる漢字をそれぞれの**ア～オ**から**一つ**選び、**記号**で答えよ。

□□ **1** 手厚いもてなしに**キョウ**縮する。 [　　　]

□□ **2** 大自然の**キョウ**異に目を見張った。 [　　　]

□□ **3** 容疑者が犯行を自**キョウ**し始めた。 [　　　]

（ ア 恐 イ 叫 ウ 供 エ 驚 オ 況 ）

□□ **4** 勝利への**シュウ**念が実を結んだ。 [　　　]

□□ **5** 大臣の去**シュウ**が注目される。 [　　　]

□□ **6** 二人の結婚は**シュウ**知の事実である。 [　　　]

（ ア 就 イ 周 ウ 習 エ 執 オ 終 ）

□□ **7** **シン**水被害の状況を調べる。 [　　　]

□□ **8** **シン**食を忘れて看病する。 [　　　]

□□ **9** 会社が経営不**シン**におちいる。 [　　　]

（ ア 侵 イ 浸 ウ 進 エ 振 オ 寝 ）

標準解答

解　説

1 〔 ア 〕 恐縮：身が縮むほどおそれ入ること。ありがたい思いを相手に伝えるときに用いる語。

2 〔 エ 〕 驚異：ふつうでは考えられないほどのおどろき。

3 〔 ウ 〕 自供：容疑者が、自分の犯した罪を自分から申し述べること。
✒ 供には「事情を述べる」という意味がある。

4 〔 エ 〕 執念：一つのことを深く思いこんで、動かない心。
✒ 執には「こだわる」という意味がある。

5 〔 ア 〕 去就：事にあたっての態度。進退。
✒ 去には「さる」、就には「つく」という意味がある。

6 〔 イ 〕 周知：広く多くの人々に知れわたること。
✒ 周には、「すみずみまで行き届く」という意味がある。

7 〔 イ 〕 浸水：水につかること。水が入り込むこと。

8 〔 オ 〕 寝食：ねることと食べること。

9 〔 エ 〕 不振：勢いやいつもの調子が出ないこと。
✒ 振には「盛んになる」という意味がある。

読み

同音・同訓異字

漢字識別

熟語の構成

部首

対義語・類義語

送りがな

四字熟語

誤字訂正

書き取り

245

同音・同訓異字②

次の——線の**カタカナ**にあてはまる漢字をそれぞれの**ア～オ**から**一つ**選び、**記号**で答えよ。

1 社会の風**チョウ**を反映した映画を見る。　[　　　]

2 地震の予**チョウ**を察知する。　[　　　]

3 参加費は後日**チョウ**収するそうだ。　[　　　]

（　ア 徴　イ 頂　ウ 兆　エ 潮　オ 跳　）

4 彼の言い分は到**テイ**理解できない。　[　　　]

5 並大**テイ**の努力では合格できない。　[　　　]

6 突**テイ**に立って魚つりをする。　[　　　]

（　ア 底　イ 堤　ウ 程　エ 抵　オ 停　）

7 投資で資産を**フ**やす。　[　　　]

8 一人ずつ笛を**フ**くテストがある。　[　　　]

9 **フ**ってわいたような話で驚いている。　[　　　]

（　ア 殖　イ 振　ウ 吹　エ 噴　オ 降　）

読み

同音・同訓異字

漢字識別

熟語の構成

部首

対義語・類義語

送りがな

四字熟語

誤字訂正

書き取り

1 [エ] 風潮：時代とともに変わっていく、世の中の傾向。
✔ 潮には「世の中の動き」という意味がある。

2 [ウ] 予兆：将来起こりそうな事態を前もって知らせる現象。

3 [ア] 徴収：金を集めること。
✔ 徴には「取り立てる」という意味がある。

4 [ア] 到底：(下に打ち消しの言葉がついて) どうしても。とても。

5 [エ] 並大抵：(下に打ち消しの言葉がついて) ふつうであるさま。

6 [イ] 突堤：岸から、海、川に突き出た細長いていぼう。
✔ 突には「つき出る」という意味がある。

7 [ア] 殖やす：財産を多くする。
✔ 殖は「財産や動植物をふやす」場合に多く用いる。

8 [ウ] 吹く：楽器をふき鳴らす。

9 [オ] 降る：上から (空から) 落ちてくる。
✔ 「降ってわく」は「思いがけず起こる」の意味。

同音・同訓異字③

次の――線の**カタカナ**にあてはまる漢字をそれぞれの**ア～オ**から**一つ**選び、**記号**で答えよ。

1 圧**トウ**的な賛成多数で可決した。 [　　]

2 **トウ**突な来客にあわてる。 [　　]

3 これまでのルールを**トウ**襲する。 [　　]

（ ア 倒　イ 踏　ウ 闘　エ 唐　オ 到 ）

4 まさに**ハク**氷をふむ思いで勝利した。 [　　]

5 売り上げの増加に**ハク**車をかける。 [　　]

6 彼は**ハク**愛の精神の持ち主だ。 [　　]

（ ア 拍　イ 泊　ウ 薄　エ 迫　オ 博 ）

7 毎日の事務が**ハン**雑を極めている。 [　　]

8 身をもって部員に**ハン**を示す。 [　　]

9 機材を劇場に**ハン**入する。 [　　]

（ ア 繁　イ 販　ウ 範　エ 般　オ 搬 ）

標準解答　　　解　説

読み / 同音・同訓異字 / 漢字識別 / 熟語の構成 / 部首 / 対義語・類義語 / 送りがな / 四字熟語 / 誤字訂正 / 書き取り

1 〔 ア 〕 圧倒的（あっとうてき）：ほかより非常に勝っている様子。

2 〔 エ 〕 唐突（とうとつ）：だしぬけなさま。突然なさま。
✎ 唐には「突然。だしぬけ。」という意味がある。

3 〔 イ 〕 踏襲（とうしゅう）：それまでのやり方を受け継ぐこと。
✎ 踏には「ふまえる」という意味がある。

4 〔 ウ 〕 薄氷（はくひょう）：うすく張った氷。うすごおり。
✎ 「薄氷をふむ」とは、非常に危険な事態に臨むたとえ。

5 〔 ア 〕 拍車（はくしゃ）：乗馬用のくつに取りつける金具。
✎ 「拍車をかける」は「物事に勢いを加える」という意味の慣用句。

6 〔 オ 〕 博愛（はくあい）：全ての人を平等に愛すること。

7 〔 ア 〕 繁雑（はんざつ）：物事が多くて、わずらわしいさま。
✎ 繁には「むやみに増える」という意味がある。

8 〔 ウ 〕 範（はん）：物事の基準となる手本。はみだしてはいけない部分。
✎ 範には「手本」という意味がある。

9 〔 オ 〕 搬入（はんにゅう）：運び入れること。持ち込むこと。
✎ 搬には「物を運ぶ」という意味がある。

同音・同訓異字④

次の──線の**カタカナ**にあてはまる漢字をそれぞれの**ア～オ**から**一つ**選び、**記号**で答えよ。

1 <u>フ</u>敗した政治にいきどおる。 [　　　]

2 <u>フ</u>教活動で全国を訪ねる。 [　　　]

3 天から<u>フ</u>与された才能の持ち主だ。 [　　　]

（ ア 布　イ 膚　ウ 普　エ 賦　オ 腐 ）

4 <u>ホ</u>欠選手だが練習は人一倍多い。 [　　　]

5 道はきれいに<u>ホ</u>装されていた。 [　　　]

6 小説家として確固たる地<u>ホ</u>を築く。 [　　　]

（ ア 捕　イ 保　ウ 補　エ 舗　オ 歩 ）

7 寝<u>ボウ</u>して待ち合わせに遅れた。 [　　　]

8 悪事の片<u>ボウ</u>をかつがされた。 [　　　]

9 見事な名人芸に脱<u>ボウ</u>した。 [　　　]

（ ア 冒　イ 暴　ウ 棒　エ 帽　オ 坊 ）

250

標準解答　　　解　説

1 [オ]　腐敗：悪い状態や状況になること。

2 [ア]　布教：その宗教を広めること。
✎ 布には「広く行き渡らせる」という意味がある。

3 [エ]　賦与：(天や神などが) 配りあたえること。
✎ 賦には「割り当てて与える」という意味がある。

4 [ウ]　補欠：欠けて不足した人をおぎなうこと。また、そのために用意しておく予備の人。

5 [エ]　舗装：道路の表面をコンクリートやアスファルトなどで固めて整えること。

6 [オ]　地歩：社会や組織の中で占める自分の地位や立場。

7 [オ]　寝坊：朝遅くまで寝ていること。

8 [ウ]　片棒：ともに物事を行う相手。
✎ 「片棒をかつぐ」は、主に悪いことについて「何かをいっしょにする」という意味の慣用句。

9 [エ]　脱帽：相手に敬服すること。

読み

同音・同訓異字

漢字識別

熟語の構成

部首

対義語・類義語

送りがな

四字熟語

誤字訂正

書き取り

漢字識別①

三つの□に**共通する漢字**を入れて熟語を作れ。漢字は、**1～5**は**ア～コ**から、**6～10**は**サ～ト**から**一つ**選び、**記号**で答えよ。

□□1 □気・□声・喜□

ア 卒
イ 率
ウ 弾
エ 漫
オ 慢
カ 輩
キ 努
ク 断
ケ 怒
コ 配

[　　]

□□2 □出・先□・弱□

[　　]

□□3 □丸・爆□・被□

[　　]

□□4 軽□・比□・□直

[　　]

□□5 □性・自□・高□

[　　]

□□6 □接・両□・□国

サ 躍
シ 珍
ス 曜
セ 臨
ソ 避
タ 隣
チ 被
テ 欄
ト 覧
　 沈

[　　]

□□7 □客・□妙・□味

[　　]

□□8 飛□・□起・□進

[　　]

□□9 □暑・逃□・不可□

[　　]

□□10 □干・□外・空□

[　　]

標準解答　　　　　解　説

右側のインデックス（縦書き）：
読み　同音・同訓異字　漢字識別　熟語の構成　部首　対義語・類義語　送りがな　四字熟語　誤字訂正　書き取り

1 〔 ケ 〕
怒気：腹が立っている様子。
怒声：おこった声。おこってどなる声。
喜怒：喜びやいかり。

2 〔 カ 〕
輩出：才能のある人物が次々世に出ること。
先輩：年齢、地位などが上であること。
弱輩：年の若い者。未熟な者。

3 〔 ウ 〕
弾丸：鉄砲で撃ち出すたま。
爆弾：敵を攻撃する兵器。
被弾：敵にたまを当てられること。

4 〔 イ 〕
軽率：よく考えずに物事を行うさま。
比率：二つ以上の数量を比べた割合。
率直：素直で、ありのままであるさま。

5 〔 オ 〕
慢性：望ましくない状態が長く続くこと。
自慢：自分のことなどを得意げに話すこと。
高慢：うぬぼれが強く人を見下すさま。

6 〔 タ 〕
隣接：となり合って続いていること。
両隣：左右両方のとなり。
隣国：となりの国。国境を接している国。

7 〔 シ 〕
珍客：めったに訪れない客。
珍妙：変わっていて不思議なこと。
珍味：めったに味わえない食物。

8 〔 サ 〕
飛躍：急速に進歩、向上すること。
躍起：むきになること。
躍進：勢いよく進出すること。

9 〔 ソ 〕
避暑：すずしい土地で暑さをさけること。
逃避：責任や困難などをさけて逃れること。
不可避：どうしてもさけられないこと。

10 〔 ツ 〕
欄干：橋などに設けた手すり。
欄外：書物の紙面で、本文より外の部分。
空欄：何も書いてない空白の部分。

253

漢字識別②

三つの□に**共通する漢字**を入れて熟語を作れ。漢字は、**1 ～ 5**は**ア～コ**から、**6 ～10**は**サ～ト**から一つ選び、**記号**で答えよ。

□□ 1　鉄□・□輪・□白　　　［　　］

□□ 2　処□・賞□・□金　　　［　　］

□□ 3　□丸・大□・□火　　　［　　］

□□ 4　□利・□角・新□　　　［　　］

□□ 5　□第・追□・波□　　　［　　］

ア　鋭
イ　罰
ウ　及
エ　罪
オ　砲
カ　腕
キ　抱
ク　扱
ケ　吸
コ　英

□□ 6　□面・鉄□・城□　　　［　　］

□□ 7　□弁・□大・両□　　　［　　］

□□ 8　末□・□根・□翼　　　［　　］

□□ 9　□業・□視・□礼　　　［　　］

□□ 10　□正・道□・□的　　　［　　］

サ　雄
シ　雌
ス　尽
セ　避
ソ　巡
タ　尾
チ　橋
ツ　端
テ　固
ト　壁

標準解答　　　　　解　説

1 〔 カ 〕
鉄腕：鉄のように強いうで。
腕輪：身を飾るため、うでにはめる輪。
腕白：活発でいたずらなこと。

2 〔 イ 〕
処罰：罪に相当するばつを加えること。
賞罰：ほめることとばっすること。
罰金：ばつとして出させる金銭。

3 〔 オ 〕
砲丸：金属の丸い球。
大砲：大きな弾丸を発射する兵器。
砲火：大砲などを撃ったときに出る火。

4 〔 ア 〕
鋭利：するどく切れるさま。
鋭角：数学で、直角より小さい角度。
新鋭：新しく現れ、勢いが盛んなこと。

5 〔 ウ 〕
及第：試験などに合格すること。
追及：追い詰めて問いただすこと。
波及：物事の影響が周囲に広がること。

6 〔 ト 〕
壁面：かべの表面。
鉄壁：強固な守備。
城壁：しろの周囲のかべ。

7 〔 サ 〕
雄弁：よどみなく堂々と話すこと。
雄大：規模が大きく、堂々としたさま。
両雄：二人の偉大な人物。

8 〔 タ 〕
末尾：物事の終わりの部分。
尾根：山の峰と峰とを結んで高く連なる所。
尾翼：飛行機の胴体の後部のつばさ。

9 〔 ソ 〕
巡業：各地を興行して回ること。
巡視：見回って調べること。
巡礼：聖地などをめぐって参拝すること。

10 〔 ツ 〕
端正：動作などがきちんとしたさま。
道端：道のはしの方。
端的：明白なさま。はっきりしたさま。

読み

同音・同訓異字

漢字識別

熟語の構成

部首

対義語・類義語

送りがな

四字熟語

誤字訂正

書き取り

255

熟語の構成①

熟語の構成のしかたには[____]内の**ア～オ**のようなものがある。
次の熟語は[____]内の**ア～オ**のどれにあたるか、**一つ選び、記号**で答えよ。

□□ 1 猛攻 　　　　　　　　　　　　　　[　]

□□ 2 求婚 　　　　　　　　　　　　　　[　]

ア	同じような意味の漢字を重ねたもの（岩石）
イ	反対または対応の意味を表す字を重ねたもの（高低）
ウ	前の字が後の字を修飾しているもの（洋画）
エ	後の字が前の字の目的語・補語になっているもの（着席）
オ	前の字が後の字の意味を打ち消しているもの（非常）

□□ 3 不便 　　　　　　　　　　　　　　[　]

□□ 4 執刀 　　　　　　　　　　　　　　[　]

□□ 5 斜面 　　　　　　　　　　　　　　[　]

□□ 6 旧称 　　　　　　　　　　　　　　[　]

□□ 7 就寝 　　　　　　　　　　　　　　[　]

□□ 8 思慮 　　　　　　　　　　　　　　[　]

□□ 9 断続 　　　　　　　　　　　　　　[　]

□□ 10 耐震 　　　　　　　　　　　　　　[　]

標準解答 　　解　説

1 [ウ]
猛攻：激しく攻撃すること。
構成 猛 ⟶ 攻 修飾
激しく攻める。

2 [エ]
求婚：結婚してほしいと申し込むこと。
構成 求 ⟵ 婚 目的
結婚を求める。

3 [オ]
不便：便利でないこと。
構成 不 × 便 打消
便利ではない。

4 [エ]
執刀：手術のためメス（手術用の小刀）をとること。
構成 執 ⟵ 刀 目的
刀を執る。

5 [ウ]
斜面：傾いている場所。
構成 斜 ⟶ 面 修飾
斜めの面。

6 [ウ]
旧称：もとの古い呼び名。
構成 旧 ⟶ 称 修飾
古い呼び名。

7 [エ]
就寝：寝床につき、眠ること。
構成 就 ⟵ 寝 目的
寝床に就く。

8 [ア]
思慮：注意深く考えをめぐらすこと。
構成 思 ＝ 慮 同義
どちらも「考え」という意味。

9 [イ]
断続：とぎれとぎれに続くこと。
構成 断 ⟷ 続 対義
「断つ」と「続く」、反対の意味。

10 [エ]
耐震：強い地震に耐えること。
構成 耐 ⟵ 震 目的
地震に耐える。

熟語の構成②

熟語の構成のしかたには[　　　]内の**ア～オ**のようなものがある。
次の熟語は[　　　]内の**ア～オ**のどれにあたるか、**一つ**選び、**記号**で答えよ。

□□ 1 西暦　　　　　　　　　　　[　　]

□□ 2 脱帽　　　　　　　　　　　[　　]

□□ 3 劣悪　　　　　　　　　　　[　　]

□□ 4 闘志　　　　　　　　　　　[　　]

□□ 5 避暑　　　　　　　　　　　[　　]

□□ 6 浮力　　　　　　　　　　　[　　]

□□ 7 存亡　　　　　　　　　　　[　　]

□□ 8 挙手　　　　　　　　　　　[　　]

□□ 9 不問　　　　　　　　　　　[　　]

□□ 10 腕章　　　　　　　　　　　[　　]

> ア　同じような意味の漢字を重ねたもの
> 　　　　　　　　　（岩石）
>
> イ　反対または対応の意味を表す字を重ねたもの
> 　　　　　　　　　（高低）
>
> ウ　前の字が後の字を修飾しているもの
> 　　　　　　　　　（洋画）
>
> エ　後の字が前の字の目的語・補語になっているもの　　（着席）
>
> オ　前の字が後の字の意味を打ち消しているもの
> 　　　　　　　　　（非常）

標準解答	解説

1 [ウ]
西暦：キリストの生誕を基準とした年代の数え方。
構成 西 → 暦 修飾
西洋の暦。

2 [エ]
脱帽：帽子を脱ぐこと。相手に敬服すること。
構成 脱 ← 帽 目的
帽子を脱ぐ。

3 [ア]
劣悪：程度が低く質がよくないこと。
構成 劣 ═ 悪 同義
どちらも「よくない」という意味。

4 [ウ]
闘志：相手を打ち負かそうとする意欲。
構成 闘 → 志 修飾
闘う志。

5 [エ]
避暑：すずしい土地で暑さを避けること。
構成 避 ← 暑 目的
暑さを避ける。

6 [ウ]
浮力：液体や気体の中の物体に対して働く、上に上げる力。
構成 浮 → 力 修飾
浮く力。

7 [イ]
存亡：引き続き存在するか、なくなるか。
構成 存 ←→ 亡 対義
「存在する」と「なくなる」、反対の意味。

8 [エ]
挙手：意思表示などのために片手を挙げること。
構成 挙 ← 手 目的
手を挙げる。

9 [オ]
不問：取り立てて問題にしないこと。
構成 不 × 問 打消
問わない。

10 [ウ]
腕章：目印として衣服などの腕の部分に巻くもの。
構成 腕 → 章 修飾
腕に巻く印。章は「しるし」という意味。

読み
同音・同訓異字
漢字識別
熟語の構成
部首
対義語・類義語
送りがな
四字熟語
誤字訂正
書き取り

259

熟語の構成③

熟語の構成のしかたには ___ 内の**ア～オ**のようなものがある。
次の熟語は ___ 内の**ア～オ**のどれにあたるか、**一つ**選び、**記号**で答えよ。

☐☐ 1　去就　　　　　　　　　　　　　　　[　　]

☐☐ 2　寸劇　　　　　　　　　　　　　　　[　　]

☐☐ 3　朗読　　　　　　　　　　　　　　　[　　]

☐☐ 4　樹齢　　　　　　　　　　　　　　　[　　]

☐☐ 5　未来　　　　　　　　　　　　　　　[　　]

☐☐ 6　乾杯　　　　　　　　　　　　　　　[　　]

☐☐ 7　興亡　　　　　　　　　　　　　　　[　　]

☐☐ 8　収支　　　　　　　　　　　　　　　[　　]

☐☐ 9　絶縁　　　　　　　　　　　　　　　[　　]

☐☐ 10　繁茂　　　　　　　　　　　　　　　[　　]

> ア　同じような意味の漢字
> 　　を重ねたもの
> 　　　　　　　　（岩石）
>
> イ　反対または対応の意味
> 　　を表す字を重ねたもの
> 　　　　　　　　（高低）
>
> ウ　前の字が後の字を修飾
> 　　しているもの
> 　　　　　　　　（洋画）
>
> エ　後の字が前の字の目的
> 　　語・補語になっている
> 　　もの　　　　（着席）
>
> オ　前の字が後の字の意味
> 　　を打ち消しているもの
> 　　　　　　　　（非常）

標準解答　　解　説

1 [イ]
去就：去ることと、とどまること。
構成 去 ←→ 就 対義
「去る」と「就く」、反対の意味。

2 [ウ]
寸劇：短くまとまった軽い演劇。
構成 寸 → 劇 修飾
みじかい劇。寸は「みじかい」という意味。

3 [ウ]
朗読：声に出して読みあげること。
構成 朗 → 読 修飾
朗々と読む。朗は「高く澄む」という意味。

4 [ウ]
樹齢：樹木の年齢。
構成 樹 → 齢 修飾
樹木の年齢。

5 [オ]
未来：今より先の時間。将来。
構成 未 × 来 打消
まだ来ていない。

6 [エ]
乾杯：祝福のためにさかずきを上げ酒を飲み干すこと。
構成 乾 ←→ 杯 目的
杯を空にする。

7 [イ]
興亡：新たにできることと、なくなること。
構成 興 ←→ 亡 対義
「おこる」と「なくなる」、反対の意味。

8 [イ]
収支：収入と支出。
構成 収 ←→ 支 対義
「収入」と「支出」、反対の意味。

9 [エ]
絶縁：縁をたち切ること。
構成 絶 ←→ 縁 目的
縁を絶つ。

10 [ア]
繁茂：草や木が生い茂ること。
構成 繁 ＝＝ 茂 同義
どちらも「おいしげる」という意味。

読み　同音・同訓異字　漢字識別　熟語の構成　部首　対義語・類義語　送りがな　四字熟語　誤字訂正　書き取り

熟語の構成④

熟語の構成のしかたには□□□内の**ア〜オ**のようなものがある。
次の熟語は□□□内の**ア〜オ**のどれにあたるか、**一つ選び**、**記号**で答えよ。

□□ 1 起稿 　　　　　　　　　〔 　〕

□□ 2 是非 　　　　　　　　　〔 　〕

□□ 3 因果 　　　　　　　　　〔 　〕

□□ 4 盛況 　　　　　　　　　〔 　〕

□□ 5 背景 　　　　　　　　　〔 　〕

□□ 6 未決 　　　　　　　　　〔 　〕

□□ 7 朗報 　　　　　　　　　〔 　〕

□□ 8 違約 　　　　　　　　　〔 　〕

□□ 9 雅俗 　　　　　　　　　〔 　〕

□□ 10 侵犯 　　　　　　　　　〔 　〕

ア 同じような意味の漢字
　を重ねたもの
　　　　　　　　（岩石）

イ 反対または対応の意味
　を表す字を重ねたもの
　　　　　　　　（高低）

ウ 前の字が後の字を修飾
　しているもの
　　　　　　　　（洋画）

エ 後の字が前の字の目的
　語・補語になっている
　もの　　　　　（着席）

オ 前の字が後の字の意味
　を打ち消しているもの
　　　　　　　　（非常）

（標準解答）　　　　解　説

1 [エ]
起稿：原稿を書き始めること。
構成 起 ←— 稿 目的
原稿を起こす。

2 [イ]
是非：よいことと悪いこと。
構成 是 ←→ 非 対義
「よいこと（是）」と「悪いこと（非）」、反対の意味。

3 [イ]
因果：原因と結果。
構成 因 ←→ 果 対義
「原因」と「結果」、反対の意味。

4 [ウ]
盛況：会などがにぎわい盛んなさま。
構成 盛 —→ 況 修飾
盛んな状況。

5 [ウ]
背景：絵画や写真などの中の後ろの景色。
構成 背 —→ 景 修飾
背後の景色。

6 [オ]
未決：まだ決まっていないこと。
構成 未 × 決 打消
まだ決まっていない。

7 [ウ]
朗報：よい知らせ。明るい知らせ。
構成 朗 —→ 報 修飾
明るい報告。朗は「あかるい」という意味。

8 [エ]
違約：約束に反すること。
構成 違 ←— 約 目的
約束をたがえる。

9 [イ]
雅俗：上品なものと俗っぽいもの。
構成 雅 ←→ 俗 対義
「みやびなもの」と「俗っぽいもの」、反対の意味。

10 [ア]
侵犯：ほかの領土などをおかすこと。
構成 侵 === 犯 同義
どちらも「おかす」という意味。

熟語の構成⑤

熟語の構成のしかたには ◻︎◻︎ 内の**ア〜オ**のようなものがある。
次の熟語は ◻︎◻︎ 内の**ア〜オ**のどれにあたるか、**一つ**選び、**記号**で答えよ。

◻︎◻︎ **1** 需給　　　　　　　　　　[　　]

◻︎◻︎ **2** 就任　　　　　　　　　　[　　]

◻︎◻︎ **3** 授受　　　　　　　　　　[　　]

◻︎◻︎ **4** 予測　　　　　　　　　　[　　]

◻︎◻︎ **5** 無言　　　　　　　　　　[　　]

◻︎◻︎ **6** 曇天　　　　　　　　　　[　　]

◻︎◻︎ **7** 積載　　　　　　　　　　[　　]

◻︎◻︎ **8** 冒険　　　　　　　　　　[　　]

◻︎◻︎ **9** 往復　　　　　　　　　　[　　]

◻︎◻︎ **10** 反則　　　　　　　　　　[　　]

ア	同じような意味の漢字を重ねたもの（岩石）
イ	反対または対応の意味を表す字を重ねたもの（高低）
ウ	前の字が後の字を修飾しているもの（洋画）
エ	後の字が前の字の目的語・補語になっているもの（着席）
オ	前の字が後の字の意味を打ち消しているもの（非常）

標準解答　　　　　解　説

1 [イ]
需給：需要と供給。
構成 需 ←→ 給 対義
「需要」と「供給」、反対の意味。

2 [エ]
就任：任務に就くこと。
構成 就 ←─ 任 目的
任に就く。

3 [イ]
授受：授けることと受けること。
構成 授 ←→ 受 対義
「授ける」と「受ける」、反対の意味。

4 [ウ]
予測：物事の結果などを前もって推し測ること。
構成 予 ─→ 測 修飾
あらかじめ推し測る。

5 [オ]
無言：くちを閉じて何も言わないこと。
構成 無 × 言 打消
何も言わない。

6 [ウ]
曇天：曇った空。曇り空。また、その天気。
構成 曇 ─→ 天 修飾
曇った天気。

7 [ア]
積載：船や車などに荷物を積み込むこと。
構成 積 ══ 載 同義
どちらも「つむ」という意味。

8 [エ]
冒険：危険なことを行うこと。
構成 冒 ←─ 険 目的
危険を冒す。

9 [イ]
往復：行きと帰り。行ったり来たりすること。
構成 往 ←→ 復 対義
「往路」と「復路」、反対の意味。

10 [エ]
反則：法律や規則に違反すること。
構成 反 ←─ 則 目的
規則に反する。

読み　同音・同訓異字　漢字識別　熟語の構成　部首　対義語・類義語　送りがな　四字熟語　誤字訂正　書き取り

部首①

次の漢字の**部首**を**ア～エ**から**一つ**選び、**記号**で答えよ。

☐☐ **1** 豪 （ ア 亠 イ 口 ウ 冖 エ 豕 ） [　]

☐☐ **2** 歳 （ ア 止 イ 戈 ウ 小 エ 厂 ） [　]

☐☐ **3** 載 （ ア 土 イ 一 ウ 車 エ 戈 ） [　]

☐☐ **4** 隷 （ ア 士 イ 示 ウ 隶 エ 水 ） [　]

☐☐ **5** 麗 （ ア 广 イ 鹿 ウ 比 エ ヒ ） [　]

☐☐ **6** 衛 （ ア 彳 イ 行 ウ 口 エ 干 ） [　]

☐☐ **7** 憲 （ ア 宀 イ 罒 ウ 宀 エ 心 ） [　]

☐☐ **8** 裁 （ ア 土 イ 弋 ウ 戈 エ 衣 ） [　]

☐☐ **9** 至 （ ア 一 イ ム ウ 土 エ 至 ） [　]

☐☐ **10** 窓 （ ア 心 イ 宀 ウ ム エ 穴 ） [　]

標準解答	解説

1 〔 エ 〕

部首(部首名) 豕（ぶた・いのこ）

✎ 豕の漢字例：象　など

---

2 〔 ア 〕

部首(部首名) 止（とめる）

✎ 止の漢字例：歴、武、歩　など

---

3 〔 ウ 〕

部首(部首名) 車（くるま）

✎ 車の漢字例：輝、軍　など

---

4 〔 ウ 〕

部首(部首名) 隶（れいづくり）

✎ 常用漢字で隶を部首とする漢字は隷のみ。

---

5 〔 イ 〕

部首(部首名) 鹿（しか）

✎ 鹿の漢字例：鹿

---

6 〔 イ 〕

部首(部首名) 行（ぎょうがまえ・ゆきがまえ）

✎ 行の漢字例：街　など

---

7 〔 エ 〕

部首(部首名) 心（こころ）

✎ 心の漢字例：惑、慮、恋　など

---

8 〔 エ 〕

部首(部首名) 衣（ころも）

✎ 衣の漢字例：襲、装、製　など

---

9 〔 エ 〕

部首(部首名) 至（いたる）

✎ 至の漢字例：致

---

10 〔 エ 〕

部首(部首名) 穴（あなかんむり）

✎ 穴の漢字例：突、究、空　など

読み

同音・同訓異字

漢字識別

熟語の構成

部首

対義語・類義語

送りがな

四字熟語

誤字訂正

書き取り

※辞典や参考書により、部首や部首名の表記が異なる場合がありますが、「漢検」では定められた
　部首・部首名で解答する必要があります。採点基準は巻頭ページをご覧ください。

部首②

次の漢字の**部首**を**ア～エ**から**一つ**選び、**記号**で答えよ。

☐☐ 1 翌 （ ア ゛ イ 羽 ウ 冖 エ 立 ） 〔　　〕

☐☐ 2 裏 （ ア 亠 イ 田 ウ 里 エ 衣 ） 〔　　〕

☐☐ 3 再 （ ア 一 イ 冂 ウ 田 エ 用 ） 〔　　〕

☐☐ 4 辞 （ ア 口 イ 舌 ウ 立 エ 辛 ） 〔　　〕

☐☐ 5 老 （ ア 土 イ 耂 ウ ノ エ ヒ ） 〔　　〕

☐☐ 6 術 （ ア 彳 イ 十 ウ 行 エ 亅 ） 〔　　〕

☐☐ 7 幾 （ ア 幺 イ 弋 ウ 人 エ 戈 ） 〔　　〕

☐☐ 8 髪 （ ア 彡 イ 長 ウ 髟 エ 一 ） 〔　　〕

☐☐ 9 疑 （ ア ヒ イ 矢 ウ 疋 エ 足 ） 〔　　〕

☐☐ 10 弐 （ ア 、 イ 二 ウ 一 エ 弋 ） 〔　　〕

268

標準解答 　　　解説

1 [イ]
部首(部首名) 羽（はね）
✎ 羽の漢字例：翼、習　など

2 [エ]
部首(部首名) 衣（ころも）
✎ 衣の漢字例：襲、装、製　など

3 [イ]
部首(部首名) 冂（どうがまえ・けいがまえ・まきがまえ）
✎ 冂の漢字例：冊、円

4 [エ]
部首(部首名) 辛（からい）

5 [イ]
部首(部首名) 耂（おいかんむり・おいがしら）
✎ 耂の漢字例：者、考

6 [ウ]
部首(部首名) 行（ぎょうがまえ・ゆきがまえ）
✎ 行の漢字例：街　など

7 [ア]
部首(部首名) 幺（よう・いとがしら）
✎ 幺の漢字例：幼　など

8 [ウ]
部首(部首名) 髟（かみがしら）
✎ 常用漢字で髟を部首とする漢字は髪のみ。

9 [ウ]
部首(部首名) 疋（ひき）
✎ 常用漢字で疋を部首とする漢字は疑のみ。

10 [エ]
部首(部首名) 弋（しきがまえ）
✎ 弋の漢字例：式

対義語・類義語①

内のひらがなを漢字に直して□に入れ、**対義語・類義語**を作れ。 内のひらがなは一度だけ使い、**漢字一字**で答えよ。

□ 1		開放－閉□			[ ]
□ 2		悪化－好□			[ ]
□ 3	対義語	受理－□下			[ ]
□ 4		脱退－加□			[ ]
□ 5		凶暴－温□			[ ]
□ 6		技量－□前			[ ]
□ 7		早速－即□			[ ]
□ 8	類義語	弁解－□明			[ ]
□ 9		処罰－制□			[ ]
□ 10		推量－憶□			[ ]

うで
きゃっ
こく
さ
さい
しゃく
そく
てん
めい
わ

標準解答　　　　　　解　説

1 [鎖]
開放：戸や窓をあけはなしたままにすること。
閉鎖：出入りぐちなどをとじること。

2 [転]
悪化：悪くなること。
好転：状態や情勢などがこのましい方に向かうこと。

3 [却]
受理：書類などを受け取ること。
却下：願いや訴えを受けつけずに返すこと。

4 [盟]
脱退：所属している集団などから抜けること。
加盟：団体などに加わること。

5 [和]
凶暴：性質が非常に悪くて荒々しいこと。
温和：性質がおだやかな様子。

6 [腕]
技量：物事を行う手並み。
腕前：身につけた力量。技能。

7 [刻]
早速：時間をおかずにすぐ。すぐに。
即刻：すぐその時。ただちに。

8 [釈]
弁解：言い訳をすること。
釈明：自分の立場などを説明して相手にわかってもらうこと。

9 [裁]
処罰：罰すること。
制裁：おきてや決まりに背いた者をこらしめること。

10 [測]
推量：物事の状態や相手の心中をおしはかること。
憶測：根拠もなく、勝手におしはかること。

読み
同音・同訓異字
漢字識別
熟語の構成
部首
対義語・類義語
送りがな
四字熟語
誤字訂正
書き取り

対義語・類義語②

内のひらがなを漢字に直して□に入れ、**対義語・類義語**
を作れ。内のひらがなは一度だけ使い、**漢字一字**で答え
よ。

選択肢: い　いん　えき　ぎょ　こ　こう　しょう　じょう　とう　ひ

	問題	解答
□□ 1	陽性－□性	[ ]
□□ 2	攻撃－防□	[ ]
□□ 3	損失－利□	[ ]
□□ 4	原告－□告	[ ]
□□ 5	新鋭－□豪	[ ]
□□ 6	改定－変□	[ ]
□□ 7	簡単－平□	[ ]
□□ 8	善戦－健□	[ ]
□□ 9	冷淡－薄□	[ ]
□□ 10	許可－□認	[ ]

対義語: 1～5
類義語: 6～10

標準解答　　　　解　説

読み

1 [陰]
陽性：陽気で積極的な性質。
陰性：消極的で暗い性質。

同音・同訓異字

2 [御]
攻撃：相手を攻めること。
防御：防ぎ守ること。

漢字識別

3 [益]
損失：損をすること。
利益：得になること。もうけ。

熟語の構成

4 [被]
原告：訴えを起こして裁判を求めた人。
被告：訴えられた人。

部首

5 [古]
新鋭：ある分野に新しく現れて、勢いが盛んなこと。また、その人。
古豪：経験を積んだ実力者。

対義語・類義語

6 [更]
改定：これまでの決まりを新しくすること。
変更：決まっていたものを変え改めること。

送りがな

7 [易]
簡単：こみいっていないこと。
平易：たやすく、わかりやすいこと。難しくないこと。

四字熟語

8 [闘]
善戦：力の限りよく戦うこと。
健闘：一生けんめいにがんばること。

誤字訂正

9 [情]
冷淡：人に対して冷ややかで思いやりがないこと。
薄情：思いやりの気持ちがとぼしいこと。

書き取り

10 [承]
許可：願いを聞き入れて許すこと。
承認：認め許すこと。

対義語・類義語③

[____]内のひらがなを漢字に直して□に入れ、**対義語・類義語**を作れ。[____]内のひらがなは一度だけ使い、**漢字一字**で答えよ。

□□ 1	服従 ― 反□	〔　　〕
□□ 2	幼年 ― 老□	〔　　〕
□□ 3	巨大 ― □小	〔　　〕
□□ 4	短縮 ― □長	〔　　〕
□□ 5	非難 ― 賞□	〔　　〕
□□ 6	支援 ― □力	〔　　〕
□□ 7	歴然 ― 明□	〔　　〕
□□ 8	音信 ― 消□	〔　　〕
□□ 9	将来 ― 前□	〔　　〕
□□ 10	運搬 ― 運□	〔　　〕

対義語 1〜5
類義語 6〜10

えん
こう
さん
じょ
そく
と
はく
び
ゆ
れい

274

標準解答　　**解 説**

1 〔 抗 〕
服従：他人の意志や命令にしたがうこと。
反抗：権威や権力にはむかうこと。

2 〔 齢 〕
幼年：幼い年ごろ。
老齢：年を取っていること。

3 〔 微 〕
巨大：きわめて大きいこと。
微小：形などがきわめて小さい様子。

4 〔 延 〕
短縮：時間や距離を短く縮めること。
延長：時間や長さなどをのばすこと。

5 〔 賛 〕
非難：他人の欠点や過失を取りあげて責めること。
賞賛：ほめたたえること。

6 〔 助 〕
支援：力を貸してたすけること。
助力：ほかの人の進めている仕事や活動などに力を貸すこと。

7 〔 白 〕
歴然：まぎれもなく明らかなさま。
明白：疑う余地がないほど、明らかなさま。

8 〔 息 〕
音信：手紙や電話、メールなどによる便り。連絡。
消息：便り。連絡。

9 〔 途 〕
将来：これから先。
前途：これから先の人生。

10 〔 輪 〕
運搬：物を運ぶこと。運び移すこと。
運輸：旅客や貨物を運ぶこと。

読み

同音・同訓異字

漢字識別

熟語の構成

部首

対義語・類義語

送りがな

四字熟語

誤字訂正

書き取り

275

対義語・類義語④

内のひらがなを漢字に直して□に入れ、**対義語・類義語**を作れ。内のひらがなは一度だけ使い、**漢字一字**で答えよ。

□□ 1	正統―□端		[ ]
□□ 2	温和―乱□		[ ]
□□ 3	進撃―□却		[ ]
□□ 4	単純―□雑		[ ]
□□ 5	豊作―□作		[ ]
□□ 6	筋道―脈□		[ ]
□□ 7	老練―円□		[ ]
□□ 8	周到―入□		[ ]
□□ 9	根底―基□		[ ]
□□ 10	永遠―不□		[ ]

対義語 （1〜5）

類義語 （6〜10）

い
きゅう
きょう
じゅく
たい
ねん
ばん
ふく
ぼう
らく

標準解答	解説

1 [異]
正統：いくつかに分かれたうちの正しい血筋や系統。
異端：学説などで本流でないとみなされたもの。

2 [暴]
温和：性質がおだやかな様子。
乱暴：荒々しく振る舞うこと。

3 [退]
進撃：軍隊で、敵陣に向かって進み攻撃すること。
退却：戦いに負けてしりぞくこと。

4 [複]
単純：しくみや考え方などがこみいっていないこと。
複雑：からみ合って入り組んでいるさま。

5 [凶]
豊作：農作物がよく実り、多くとれること。
凶作：農作物の出来が非常に悪いこと。

6 [絡]
筋道：物事を行うときの正しい順序。手順。
脈絡：物事のつながり。関連。

7 [熟]
老練：長年にわたって経験を積み、物事にたくみであること。
円熟：経験を積み、物事に慣れていること。

8 [念]
周到：用意が行き届き、不備のないさま。
入念：細かい点にまで注意が払われているさま。

9 [盤]
根底：物事が成りたつ土台となるもの。
基盤：物事の成立するもとをなしているもの。

10 [朽]
永遠：いつまでもながく果てしないこと。
不朽：くちることなく、後の世まで残ること。

読み／同音・同訓異字／漢字識別／熟語の構成／部首／対義語・類義語／送りがな／四字熟語／誤字訂正／書き取り

送りがな①

次の――線の**カタカナ**を**漢字一字**と**送りがな（ひらがな）**に直せ。
〈例〉問題に**コタエル**。〔 答える 〕

☐☐ **1** 再会した友人と話が<u>ハズム</u>。 〔　　　　〕

☐☐ **2** しっかり休んで力を<u>タクワエル</u>。 〔　　　　〕

☐☐ **3** <u>ハネル</u>ような足取りで道を歩く。 〔　　　　〕

☐☐ **4** 細かい字を読むと目が<u>ツカレル</u>。 〔　　　　〕

☐☐ **5** やっとタクシーが<u>ツカマッ</u>た。 〔　　　　〕

☐☐ **6** 悪意ある言葉で人の心を<u>マドワス</u>。 〔　　　　〕

☐☐ **7** かさから滴が<u>タレル</u>。 〔　　　　〕

☐☐ **8** 口を堅く<u>トザス</u>。 〔　　　　〕

☐☐ **9** 新聞は汚職事件を<u>キビシク</u>指摘した。〔　　　　〕

☐☐ **10** 物事を<u>ムズカシク</u>考えすぎだ。 〔　　　　〕

1回目	2回目
／10問	／10問

(標準解答)　　　(解 説)

1 [弾む]
弾む：うきうきとして元気になる。また、調子づく。
他の例 弾く　など

2 [蓄える]
蓄える：備えておく。身につけておく。

3 [跳ねる]
跳ねる：とびあがる。おどりあがる。
他の例 跳ぶ

4 [疲れる]
疲れる：体力や気力を使い果たして元気がなくなる。

5 [捕まっ]
捕まる：目的のものを探し当てる。見つかる。
他の例 捕らわれる、捕る　など

6 [惑わす]
惑わす：迷わせる。心を乱れさせる。

7 [垂れる]
垂れる：水などが何かを伝って少しずつ落ちる。
他の例 垂らす

8 [閉ざす]
閉ざす：門や戸をしめる。でぐちをふさぐ。
他の例 閉じる、閉める、閉まる

9 [厳しく]
厳しい：いい加減なことは許さないさま。
他の例 厳か

10 [難しく]
難しい：理解したり解決したりするのが簡単ではないさま。

読み

同音・同訓異字

漢字識別

熟語の構成

部首

対義語・類義語

送りがな

四字熟語

誤字訂正

書き取り

279

送りがな②

次の――線の**カタカナ**を**漢字一字**と**送りがな（ひらがな）**に直せ。
〈例〉問題に**コタエル**。〔 答える 〕

☐☐ **1** むだな経費を<u>ヘラス</u>ように努める。〔　　　〕

☐☐ **2** 外国の首脳を<u>マネイ</u>た。〔　　　〕

☐☐ **3** 学会にゆるぎない名声を<u>キズク</u>。〔　　　〕

☐☐ **4** 朝早く目が<u>サメル</u>。〔　　　〕

☐☐ **5** <u>サイワイ</u>、だれにもけがはなかった。〔　　　〕

☐☐ **6** ゲームで強敵を<u>マカシ</u>た。〔　　　〕

☐☐ **7** 可能性を<u>セバメ</u>てはいけない。〔　　　〕

☐☐ **8** 折り紙で部屋の<u>カザリ</u>を作った。〔　　　〕

☐☐ **9** <u>ヤサシイ</u>問題ですぐに解けた。〔　　　〕

☐☐ **10** <u>ココロヨク</u>引き受けてくれた。〔　　　〕

標準解答 | 解説

1 〔 減らす 〕
減らす：物の数、量を少なくする。
他の例 減る

2 〔 招い 〕
招く：客として来るようにさそう。
ある× 招いた…——線部分がどこまでかをよく確認しよう。

3 〔 築く 〕
築く：努力などを積み重ねてつくる。

4 〔 覚める 〕
覚める：眠っている状態から意識のある状態になる。起きる。
他の例 覚える、覚ます

5 〔 幸い 〕
幸い：しあわせなことに。
他の例 幸せ など

6 〔 負かし 〕
負かす：相手をまけさせる。相手をやぶる。
他の例 負ける、負う

7 〔 狭め 〕
狭める：せまくする。
他の例 狭い、狭まる

8 〔 飾り 〕
飾り：かざること。また、かざるもの。

9 〔 易しい 〕
易しい：たやすい。わかりやすい。

10 〔 快く 〕
快い：気持ちがよい。
ある× 快よく

読み

同音・同訓異字

漢字識別

熟語の構成

部首

対義語・類義語

送りがな

四字熟語

誤字訂正

書き取り

送りがな③

次の――線の**カタカナ**を**漢字一字**と**送りがな（ひらがな）**に直せ。
〈例〉問題に**コタエル**。〔 答える 〕

☐☐ **1** 人知れず大志を**イダイ**ていた。　〔　　　　〕

☐☐ **2** ウグイスが春の訪れを**ツゲル**。　〔　　　　〕

☐☐ **3** 本物を見て目を**コヤス**ようにする。　〔　　　　〕

☐☐ **4** いささか常識に**カケル**言動だ。　〔　　　　〕

☐☐ **5** 朝起きてシャワーを**アビル**。　〔　　　　〕

☐☐ **6** あごが**ハズレル**ほど笑った。　〔　　　　〕

☐☐ **7** 親子で**カタライ**の時間を持つ。　〔　　　　〕

☐☐ **8** 時効の直前に犯人を**ツカマエル**。　〔　　　　〕

☐☐ **9** **アザヤカナ**色が印象的な服だ。　〔　　　　〕

☐☐ **10** 深夜放送で**オソロシイ**映画を見た。　〔　　　　〕

標準解答　　　　　解　説

1 [抱い]
抱く：心に思う。
他の例 抱く、抱える

2 [告げる]
告げる：広く伝え知らせる。

3 [肥やす]
肥やす：経験を積んで、もののよしあしを判断できる能力を豊かにする。
他の例 肥える、肥やし　など

4 [欠ける]
欠ける：足りない。
他の例 欠く

5 [浴びる]
浴びる：水や湯などをかぶる。
他の例 浴びせる

6 [外れる]
外れる：はまっていたものが離れて取れる。
他の例 外す　など

7 [語らい]
語らい：互いの気持ちや考えを話し合うこと。
他の例 語る

8 [捕まえる]
捕まえる：逃げないように取り押さえる。
他の例 捕らえる、捕らわれる、捕る、捕まる

9 [鮮やかな]
鮮やかだ：ものの色彩、形などがはっきりしていて、目立つさま。

10 [恐ろしい]
恐ろしい：不安である。こわい。
他の例 恐れる

読み
同音・同訓異字
漢字識別
熟語の構成
部首
対義語・類義語
送りがな
四字熟語
誤字訂正
書き取り

四字熟語①

文中の**四字熟語**の――線の**カタカナ**を**漢字一字**に直せ。

□□ 1 **大義名ブン**をかかげて決起する。 〔　　　〕

□□ 2 楽しくて勉強にもなり**一キョ両得**だ。〔　　　〕

□□ 3 **二束三モン**で家具を売り払った。 〔　　　〕

□□ 4 隣に座った人と**意気トウ合**する。 〔　　　〕

□□ 5 **起死カイ生**のホームランを放った。〔　　　〕

□□ 6 **抱フク絶倒**の喜劇映画だった。 〔　　　〕

□□ 7 **行雲リュウ水**のごとく生きたい。 〔　　　〕

□□ 8 **マン言放語**して批判を浴びた。 〔　　　〕

□□ 9 **花チョウ風月**を友とする生活だ。 〔　　　〕

□□ 10 **一日千シュウ**の思いで待ち続けた。〔　　　〕

標準解答 ／ 解 説

読み

同音・同訓異字

漢字識別

熟語の構成

部首

対義語・類義語

送りがな

四字熟語

誤字訂正

書き取り

1 〔 分 〕

大義名分：ある行為の根拠となる正当な理由や道理。
✐ 「大義」は人として守るべき道義のこと。

2 〔 挙 〕

一挙両得：一つのことをするだけで、同時に二つの利益が得られること。
✐ 「一挙」は一つの動作、行動のこと。

3 〔 文 〕

二束三文：極端に安い値で品物を売ること。

4 〔 投 〕

意気投合：互いの気持ちや考えなどがぴったりと合うこと。
✐ 「投合」はぴったりと合うという意味。

5 〔 回 〕

起死回生：絶望的な状況を立て直すこと。
✐ 「起死」「回生」ともに、死にかかっていた者を生き返らせること。

6 〔 腹 〕

抱腹絶倒：はらをかかえてひっくり返るほど大笑いをすること。
✐ 「絶倒」は笑い転げるという意味。

7 〔 流 〕

行雲流水：物事に執着せず、自然の成り行きに任せて行動すること。

8 〔 漫 〕

漫言放語：でまかせに勝手なことを言い散らすこと。

9 〔 鳥 〕

花鳥風月：自然の風景、風物。自然の美しさのたとえ。

10 〔 秋 〕

一日千秋：非常に待ち遠しいこと。

四字熟語②

文中の**四字熟語**の──線の**カタカナ**を**漢字一字**に直せ。

□□ 1　**前ト洋々**たる若者をはげます。　　〔　　　〕

□□ 2　忠告を**馬ジ東風**と聞き流す。　　〔　　　〕

□□ 3　会長の**独断セン行**をいさめる。　　〔　　　〕

□□ 4　そのうわさは**事実無コン**だ。　　〔　　　〕

□□ 5　**ウ為転変**は世の習いだ。　　〔　　　〕

□□ 6　祖父は常に**言行一チ**がモットーだ。　　〔　　　〕

□□ 7　**絶タイ絶命**のピンチにおちいる。　　〔　　　〕

□□ 8　**旧タイ依然**としたやり方を改める。　　〔　　　〕

□□ 9　**率先垂ハン**して事にあたる。　　〔　　　〕

□□ 10　事件は**シュウ人環視**の中で起きた。　　〔　　　〕

1回目	2回目
／10問	／10問

▶▶▶ 1章
▶▶▶ 2章
▶▶▶ 3章

<table>
<tr><td>標準解答</td><td>解　説</td></tr>
</table>

1 〔 途 〕
前途洋々：今後の人生が大きく開け、希望に満ちあふれているさま。
✐「洋々」は水が満ちているさま。

2 〔 耳 〕
馬耳東風：他人の言葉にみみを貸さないこと。
✐東風（春風）が吹くと人は感動するが、馬は何も感じないという意味から。

3 〔 専 〕
独断専行：自分一人で勝手に物事を行うこと。
✐「独断」は自分一人の考えで勝手に決めること。

4 〔 根 〕
事実無根：事実にまったく基づいていないこと。

5 〔 有 〕
有為転変：この世の全ての存在や現象は常に移り変わり、少しの間もとどまっていないこと。

6 〔 致 〕
言行一致：くちで言うことと実際に行うことが同じであること。
✐「言行」はくちで言うことと行うこと。

7 〔 体 〕
絶体絶命：追い詰められてどうにもならない状況のこと。
✐絶はどうにもならなくなるという意味。

8 〔 態 〕
旧態依然：昔のままで少しも進歩しないこと。
✐「旧態」「依然」ともに、もとのとおりという意味。

9 〔 範 〕
率先垂範：見習うべき手本を先頭に立って示すこと。
✐「垂範」は手本を見せるという意味。

10 〔 衆 〕
衆人環視：多くの人が取り巻いて見ていること。

読み

同音・同訓異字

漢字識別

熟語の構成

部首

対義語・類義語

送りがな

四字熟語

誤字訂正

書き取り

四字熟語③

文中の**四字熟語**の――線の**カタカナ**を**漢字一字**に直せ。

☐☐ 1 意見が合わず**同ショウ異夢**に終わる。 [　　　]

☐☐ 2 失職して**無イ徒食**の日々を過ごす。 [　　　]

☐☐ 3 彼の**真実一口**な生き方に感動する。 [　　　]

☐☐ 4 その言動は**公序良ゾク**に反する。 [　　　]

☐☐ 5 政治家の汚職が**集中ホウ火**を浴びる。 [　　　]

☐☐ 6 怒りのあまり**悪口ゾウ言**を浴びせる。 [　　　]

☐☐ 7 それは単なる**外交辞レイ**だった。 [　　　]

☐☐ 8 彼は**意味シン長**な言葉を残した。 [　　　]

☐☐ 9 これまでの疑いが**雲散ム消**した。 [　　　]

☐☐ 10 仕事では**他人行ギ**な態度になる。 [　　　]

288

1回目
/10問

2回目
/10問

▶▶▶ 1章
▶▶▶ 2章
▶▶▶ 3章

標準解答	解説

読み

同音・同訓異字

漢字識別

熟語の構成

部首

対義語・類義語

送りがな

四字熟語

誤字訂正

書き取り

1 [床]
同床異夢:同じことをしていても考えが異なること。
✔ 寝床は同じでも見る夢は別々という意味から。

2 [為]
無為徒食:何もしないで、ただむだに毎日を過ごすこと。
✔「徒食」は働かずに遊んで暮らすという意味。

3 [路]
真実一路:いつわりのない真心のままひと筋に進むこと。
✔「一路」はひと筋に、ひたすらという意味。

4 [俗]
公序良俗:公共の決まりや善良な習慣のこと。

5 [砲]
集中砲火:ある一点に非難や批判を集中的に向けること。

6 [雑]
悪口雑言:くちにまかせてさまざまに悪く言うこと。その言葉。

7 [令]
外交辞令:くち先だけのお世辞や形だけのお愛想のこと。

8 [深]
意味深長:表面に表れたもののほかに意味が隠れているさま。
✔「深長」は奥ぶかくて含みがあるさま。

9 [霧]
雲散霧消:雲が散り、きりが消えてなくなるように跡形もなく消えてなくなること。

10 [儀]
他人行儀:親しい間柄なのに、親しくないようによそよそしく振る舞うさま。
✔「行儀」は立ち居振る舞いの作法のこと。

四字熟語④

文中の**四字熟語**の──線の**カタカナ**を**漢字一字**に直せ。

☐☐ 1 少年の**自力コウ生**を支援する。 〔　　　〕

☐☐ 2 経験不足から**ハク志弱行**になる。 〔　　　〕

☐☐ 3 町では**流言ヒ語**が流れた。 〔　　　〕

☐☐ 4 しばらく**アン雲低迷**の時期が続く。 〔　　　〕

☐☐ 5 競争社会では**優勝レッ敗**が常だ。 〔　　　〕

☐☐ 6 来場者は**衆ロ一チ**して作品をほめた。 〔　　　〕

☐☐ 7 暴君に対して家来は**面従腹ハイ**だ。 〔　　　〕

☐☐ 8 **晴耕雨ドク**の暮らしがしたい。 〔　　　〕

☐☐ 9 **明キョウ止水**の境地に至る。 〔　　　〕

☐☐ 10 彼は**理ロ整然**と説明した。 〔　　　〕

標準解答 | 解 説

1 [更]

自力更生（じりきこうせい）：他人に頼らず自分の力で生活を改めていくこと。
✎「更生」は正しく立ち直ること。

2 [薄]

薄志弱行（はくしじゃっこう）：意志が弱く実行力が足りないこと。
✎「弱行」は決断力や実行力が足りないこと。

3 [飛]

流言飛語（りゅうげんひご）：くちづてに伝わる、根拠のない情報。
✎「流言」は根拠のないうわさのこと。

4 [暗]

暗雲低迷（あんうんていめい）：前途不安な状態が続くこと。
✎「低迷」は低い位置でとどまること。

5 [劣]

優勝劣敗（ゆうしょうれっぱい）：まさっている者が勝ち、おとっている者が負けること。

6 [致]

衆口一致（しゅうこういっち）：全員の言うことが合うこと。
✎「衆口」は多くの人のくちから出る言葉のこと。

7 [背]

面従腹背（めんじゅうふくはい）：表面だけ服従するふりをして内心では反抗していること。
✎「面従」は人の面前でへつらい従うこと。

8 [読]

晴耕雨読（せいこううどく）：田園でのんびりと生活をすること。
✎晴れた日は畑を耕し、雨の日は家にこもって本をよむという意味から。

9 [鏡]

明鏡止水（めいきょうしすい）：心にやましい点がなく、気持ちが澄み切っていることのたとえ。
✎「止水」は静止して澄み切った水のこと。

10 [路]

理路整然（りろせいぜん）：話や考えの筋道がよく通っていること。
✎「理路」は論理の筋道のこと。

読み

同音・同訓異字

漢字識別

熟語の構成

部首

対義語・類義語

送りがな

四字熟語

誤字訂正

書き取り

誤字訂正①

次の各文にまちがって使われている**同じ読み**の漢字が**一字**ある。
誤字と、**正しい漢字**を答えよ。

誤　　正

☐☐ 1　天文台にある大型の屈折望遠鏡で、土星やその周りの輪を観刷した。　〔　〕→〔　〕

☐☐ 2　ボタン電池の誤飲で子どもが健康被害を起こす事礼が発生している。　〔　〕→〔　〕

☐☐ 3　郷里の高校が野球で悲顔の県大会優勝を決め、町中が大騒ぎだそうだ。　〔　〕→〔　〕

☐☐ 4　離島で長年精力的に活動を続けてきた薬剤師が、医療功老賞を受けた。　〔　〕→〔　〕

☐☐ 5　世界遺産に当録された、石畳が延々と続く古道の峠道を黙々と歩く。　〔　〕→〔　〕

☐☐ 6　高齢化社会の課題の一つは、訪問観護や介護に従事する人材の確保だ。　〔　〕→〔　〕

☐☐ 7　月末には警官が大勢出動して、移法な運転を取りしまるそうだ。　〔　〕→〔　〕

☐☐ 8　今年の花火大会は多取多様な花火が打ちあげられ、目をうばわれた。　〔　〕→〔　〕

☐☐ 9　サッカーの強豪校が練習の一環として出た試合で準調な仕上がりを見せた。　〔　〕→〔　〕

☐☐ 10　関東地方から東海地方に居点を移して、精力的に活動する。　〔　〕→〔　〕

標準解答　　　　　　　解　説
誤　正

1 [刷] → [察]　観察：物事の状態や変化の様子を詳しくみること。

2 [礼] → [例]　事例：前に起こった同じような事実。

3 [顔] → [願]　悲願：心からぜひともなしとげたいと思うねがい。

4 [老] → [労]　功労：大きな功績と、そのための努力。

5 [当] → [登]　登録：役所や機関に届けて公式の記録に載せること。

6 [観] → [看]　看護：病人やけが人の世話や手当てをすること。

7 [移] → [違]　違法：法律に背くこと。

8 [取] → [種]　多種多様：数が多く、さまざまに異なっているさま。

9 [準] → [順]　順調：物事が調子よく運ぶさま。とどこおりなくはかどるさま。

10 [居] → [拠]　拠点：活動の足場となる重要な場所。

読み

同音・同訓異字

漢字識別

熟語の構成

部首

対義語・類義語

送りがな

四字熟語

誤字訂正

書き取り

誤字訂正②

次の各文にまちがって使われている**同じ読み**の漢字が**一字**ある。
誤字と、**正しい漢字**を答えよ。

☐☐ **1** オペラ界の新星は、抜群の歌称力と端整な容姿で話題を集めている。 〔 〕→〔 〕

☐☐ **2** 急増する訪日外国人の利弁を図るため、円に両替する機械を店に置く。 〔 〕→〔 〕

☐☐ **3** 百貨店の屋上遊園地の存続を要防する声が多数寄せられている。 〔 〕→〔 〕

☐☐ **4** 小学生が、地域の史跡の由来や特徴をまとめた観行案内図を作った。 〔 〕→〔 〕

☐☐ **5** 踏切事故を防止するため、道路と鉄道を立体交査にする事業を推進する。 〔 〕→〔 〕

☐☐ **6** 高校代表として、在校生の希待を一身に背負って県大会に出場する。 〔 〕→〔 〕

☐☐ **7** 農林水産省は小麦の次年度の需給見通しにより輸入量を決め広表した。 〔 〕→〔 〕

☐☐ **8** 現社長は、優れた経営手腕で小さな町工場を県勇数の会社に育てた。 〔 〕→〔 〕

☐☐ **9** 県予選では実力を発輝することができず、苦杯をなめる結果となった。 〔 〕→〔 〕

☐☐ **10** その神社は地域の信向を集め、参拝登山者が途絶えることがない。 〔 〕→〔 〕

標準解答

解 説

誤　正

1 [称] → [唱]　歌唱力（かしょうりょく）：歌を上手に歌う能力のこと。また、歌のうまさのこと。

2 [弁] → [便]　利便（りべん）：都合のよいこと。

3 [防] → [望]　要望（ようぼう）：物事の実現を強く求めること。

4 [行] → [光]　観光（かんこう）：旅先で名所や旧跡などを見物して回ること。

5 [査] → [差]　交差（こうさ）：二つ以上の線状のものが、十文字やななめに交わること。

6 [希] → [期]　期待（きたい）：あることやある状態になることを、当てにして待つこと。

7 [広] → [公]　公表（こうひょう）：広く一般に知らせること。

8 [勇] → [有]　有数（ゆうすう）：数えるほどに限られているさま。屈指。

9 [輝] → [揮]　発揮（はっき）：持っている能力や特性を表し示すこと。

10 [向] → [仰]　信仰（しんこう）：神仏などを心から信じ敬うこと。また、特定のものを絶対視すること。

読み

同音・同訓異字

漢字識別

熟語の構成

部首

対義語・類義語

送りがな

四字熟語

誤字訂正

書き取り

誤字訂正③

次の各文にまちがって使われている**同じ読み**の漢字が**一字**ある。
誤字と、**正しい漢字**を答えよ。

誤　　　正

☐☐ 1 選挙権年齢を引き下げる法律が成立
し、賛政権が十八歳まで拡大した。 〔　〕→〔　〕

☐☐ 2 地震で損壊した工場が、他社の援助
で復旧をとげて装業を開始した。 〔　〕→〔　〕

☐☐ 3 多用な薬剤は、土中の微生物が作る
化合物を主原料につくられる。 〔　〕→〔　〕

☐☐ 4 昔の白黒フィルムを先端技術を苦使
してカラー化し、当時の生活を知る。 〔　〕→〔　〕

☐☐ 5 世界の人口と食料授要が増加し、養
殖漁業の重要性が注目されている。 〔　〕→〔　〕

☐☐ 6 戦争の悲惨さを描いたこの作品は、
児童文学の金字当と称されている。 〔　〕→〔　〕

☐☐ 7 女優が迫進の演技を見せた本日の公
演は好評で、観客の賞賛を浴びた。 〔　〕→〔　〕

☐☐ 8 延線の景色をながめながら料理を楽
しむ観光列車の運行が増えた。 〔　〕→〔　〕

☐☐ 9 陸上競技会で、外国の選手が棒高跳
びの驚異的な記録を授立した。 〔　〕→〔　〕

☐☐ 10 高齢化で年金や医療、介護などの社
会保承費の予算は増加している。 〔　〕→〔　〕

標準解答 | 解 説

誤　　正

1 [賛] → [参]　参政権：基本的人権の一つで、国民が国の政治にたずさわる権利。

2 [装] → [操]　操業：機械などを動かして仕事をすること。

3 [用] → [様]　多様：種々さまざまで、変化に富んでいるさま。

4 [苦] → [駆]　駆使：自由に使いこなすこと。

5 [授] → [需]　需要：求めること。入り用。

6 [当] → [塔]　金字塔：後世に残るような優れた業績や記録。

7 [進] → [真]　迫真：表現や表情などが本物そっくりのように見えること。

8 [延] → [沿]　沿線：鉄道線路、バスなどの路線にそった地帯。

9 [授] → [樹]　樹立：物事をしっかりと定めること。打ち立てること。

10 [承] → [障]　保障：ある状態が損なわれることのないように、保護し守ること。

読み

同音・同訓異字

漢字識別

熟語の構成

部首

対義語・類義語

送りがな

四字熟語

誤字訂正

書き取り

誤字訂正④

次の各文にまちがって使われている**同じ読みの漢字**が**一字**ある。
誤字と、**正しい漢字**を答えよ。

誤　　正

□□ 1 災害時に高台に被難する防災訓練に、多数の住民が参加した。 〔　〕→〔　〕

□□ 2 古都の寺院が秘宝を初めて一般公開し、大勢の配観者を集めている。 〔　〕→〔　〕

□□ 3 市は空き店舗を解消するために、新規出店者に保助金を支給する方針だ。 〔　〕→〔　〕

□□ 4 新劇場建設に要する事業費を縮小するため、民間から資本を働入する。 〔　〕→〔　〕

□□ 5 議員の間で、景気の停迷を打開する政策が相次いで提案された。 〔　〕→〔　〕

□□ 6 違法操業の発各した会社が是正勧告を受け、調査の上業務を停止した。 〔　〕→〔　〕

□□ 7 賞味期限が迫った災害時用の備蓄食品は、巡次新しいものに取り替える。 〔　〕→〔　〕

□□ 8 昭和を代表する演奏家をたたえて創設された音楽賞の選公会があった。 〔　〕→〔　〕

□□ 9 多くの議員が、次の選挙の走点となる重要課題に財政再建を挙げた。 〔　〕→〔　〕

□□ 10 番組の放送中に突然生じた音声の乱れの原因求明を急ぐ。 〔　〕→〔　〕

標準解答
誤　　正

解　説

	誤		正	解説
1	被	→	避	避難：災難をさけて安全な別の場所へ移ること。
2	配	→	拝	拝観：神社や寺院、その宝物などをつつしんで見ること。
3	保	→	補	補助：不足したり不十分だったりするものを、おぎなって助けること。
4	働	→	導	導入：外部から引き入れること。
5	停	→	低	低迷：悪い状態が長く続き、抜け出せないでいること。
6	各	→	覚	発覚：隠していた悪いことが明るみに出ること。
7	巡	→	順	順次：じゅんを追ってすること。
8	公	→	考	選考：能力、人柄などをよく調べて適格者を選び出すこと。
9	走	→	争	争点：あらそいの的になっている主要点。
10	求	→	究	究明：道理、真理などをつきつめ、調べて明らかにすること。

読み

同音・同訓異字

漢字識別

熟語の構成

部首

対義語・類義語

送りがな

四字熟語

誤字訂正

書き取り

書き取り①

次の――線の**カタカナ**を**漢字**に直せ。

□□ 1 実験で**ジンイ**的に波を発生させる。 [　　　]

□□ 2 一等賞を取って**ユウエツ**感に浸る。 [　　　]

□□ 3 **エンギ**をかついで日を決めた。 [　　　]

□□ 4 海外からの客を**カンゲイ**する。 [　　　]

□□ 5 神に今年の豊作を**キガン**した。 [　　　]

□□ 6 夏服を**タタ**んで箱にしまう。 [　　　]

□□ 7 **ツツシ**み深い性格が態度に表れる。 [　　　]

□□ 8 住民の**ウッタ**えが裁判所に認められた。 [　　　]

□□ 9 不運を**ナゲ**いても仕方がない。 [　　　]

□□ 10 混雑を**サ**けて早めに出勤する。 [　　　]

標準解答 / 解説

1 〔 人為 〕
人為的：自然のままでなく、ひとの手が加わるさま。

2 〔 優越 〕
優越：ほかと比べてまさっていること。
✏ 「優越」の越は「すぐれる。抜きんでている。」という意味を表す。

3 〔 縁起 〕
縁起：物事がおこる前のきざし。
よくある✕ 縁に注意。形の似た緑と混同しないこと。12〜15画目の形をよく確認しよう。 〇縁

4 〔 歓迎 〕
歓迎：喜んでむかえること。喜んで受け入れること。

5 〔 祈願 〕
祈願：神仏にいのりねがうこと。
✏ 祈の部首は 礻（しめすへん）。

6 〔 畳 〕
畳む：折り重ねる。
よくある✕ 8〜12画目は「畺」であり、「里」や「旦」ではない。 ✕畺 〇畳

7 〔 慎 〕
慎み深い：心を引きしめて軽はずみな言動をしないさま。

8 〔 訴 〕
訴え：物事の善悪などの判定を求めて裁判所などの機関に申し出ること。その内容。

9 〔 嘆 〕
嘆く：深く悲しむ。

10 〔 避 〕
避ける：自分にとって都合が悪いものから、意識して遠ざかる。

書き取り②

次の——線の**カタカナ**を**漢字**に直せ。

□□ 1 <u>ロウキュウ</u>化したビルを建て直した。 [　　　]

□□ 2 <u>ネッキョウ</u>的なファンが集まる。 [　　　]

□□ 3 試合の判定に<u>コウギ</u>する。 [　　　]

□□ 4 公園で<u>タサイ</u>なもよおしが開かれる。 [　　　]

□□ 5 <u>ロンシ</u>がわかりやすい演説だった。 [　　　]

□□ 6 姉は秀才の<u>ホマ</u>れが高い。 [　　　]

□□ 7 山頂に<u>イタ</u>る険しい山道を登る。 [　　　]

□□ 8 自分の才能を<u>ミカギ</u>り転職する。 [　　　]

□□ 9 異動で<u>フルス</u>の部署にもどった。 [　　　]

□□ 10 <u>ワコウド</u>の集会が開かれた。 [　　　]

標準解答 | 解 説

1 老朽
老朽化：ふるくなり、役に立たなくなること。
✎「老朽」の朽は「すたれる。ほろびる。」という意味を表す。

2 熱狂
熱狂的：異常なほど夢中になるさま。
✎狂には「くるう。くるったように熱中する。」という意味がある。

3 抗議
抗議：相手の不当な言動に対し、反対の意見や要求を主張すること。

4 多彩
多彩：種々さまざまで、みごとなこと。
✎彩には「いろどり」という意味がある。

5 論旨
論旨：述べられている内容の主要な部分。
✎「論旨」の旨は「意味・内容。考え。」という意味を表す。

6 誉
誉れ：ほめられるようなよい評判。

7 至
至る：行き着く。達する。

8 見限
見限る：これ以上よくならないとしてあきらめる。

9 古巣
古巣：以前に仕事をしていたところ。

10 若人
若人：青年。
✎「若人」は中学校で学習する熟字訓・当て字。

書き取り③

次の——線の**カタカナ**を**漢字**に直せ。

☐☐ 1 文意を正しく<u>カイシャク</u>する。 [   ]

☐☐ 2 強い寒波の<u>シュウライ</u>に備える。 [   ]

☐☐ 3 事故は<u>イッシュン</u>の油断からだ。 [   ]

☐☐ 4 大正時代の<u>フウゾク</u>を研究する。 [   ]

☐☐ 5 <u>タイネツ</u>容器に入れて温める。 [   ]

☐☐ 6 喜び<u>イサ</u>んで旅行に出かける。 [   ]

☐☐ 7 見る<u>タビ</u>になつかしく思い出す。 [   ]

☐☐ 8 故郷の山河を思い<u>エガ</u>く。 [   ]

☐☐ 9 その言葉の語源を<u>タズ</u>ねる。 [   ]

☐☐ 10 <u>イモホ</u>りで楽しい日を過ごす。 [   ]

1回目	2回目
/10問	/10問

▶▶▶ 1章
▶▶▶ 2章
▶▶▶ 3章

標準解答　　　　　　　解　説

1 [解釈]
解釈：物事や言葉の意味を考え、とき明かすこと。

2 [襲来]
襲来：激しい勢いでおそいかかってくること。

3 [一瞬]
一瞬：まばたきをするくらいのわずかな時間。
よくある✕ 瞬に注意。部首が⽇（ひへん）になっている誤答が多い。瞬の部首は⽬（めへん）。
✕ 瞬　　〇 瞬

4 [風俗]
風俗：ある時代や社会の生活上の様式やしきたり。

5 [耐熱]
耐熱：高熱にたえ、変質しないこと。

6 [勇]
勇む：心が奮い立つ。
✎ 「喜び勇む」は「よろこびで心が奮い立つ」という意味。

7 [度]
度：その時はいつも。その時ごとに。
✎ 度（たび）は中学校で学習する訓読み。

8 [描]
描く：思い浮かべる。
よくある✕ 9画目が上につきぬけた誤答が多い。つきぬけず「田」という形になることに注意。
✕ 描　　〇 描

9 [尋]
尋ねる：わからないことを人に質問する。ききただす。

10 [芋掘]
芋掘り：ジャガイモやサツマイモなどのイモ類をほり起こす作業。

読み

同音・同訓異字

漢字識別

熟語の構成

部首

対義語・類義語

送りがな

四字熟語

誤字訂正

書き取り

書き取り④

次の——線の**カタカナ**を**漢字**に直せ。

□□ 1 <u>キョクタン</u>な減量は体によくない。 　[　　　　]

□□ 2 言論の<u>ダンアツ</u>に抗議する。 　[　　　　]

□□ 3 失敗して<u>チメイ</u>的な痛手を負う。 　[　　　　]

□□ 4 <u>テイボウ</u>の改修工事が行われた。 　[　　　　]

□□ 5 入院してベッドで<u>テンテキ</u>を受けた。 　[　　　　]

□□ 6 高いビルで<u>ヒカゲ</u>ができる。 　[　　　　]

□□ 7 祖父は<u>アマトウ</u>だが酒もたしなむ。 　[　　　　]

□□ 8 <u>ノキシタ</u>にツバメが巣を作る。 　[　　　　]

□□ 9 お<u>コヅカ</u>いで洋服を買った。 　[　　　　]

□□ 10 庭園の<u>イシダタミ</u>の道を歩く。 　[　　　　]

標準解答　　　　解説

1 [極端]　極端：程度のはなはだしいさま。

2 [弾圧]　弾圧：政治権力や武力によって強くおさえつけること。

3 [致命]　致命的：損害や失敗などが、取り返しがつかないほど大きいさま。

4 [堤防]　堤防：海、河川などの水の浸入をふせぐ構造物。まちがえ✕ 提防…提は「手にさげて持つ」などの意味を表す別の漢字。

5 [点滴]　点滴：静脈内に栄養分や薬品などを一てきずつ注入する治療法。

6 [日陰]　日陰：物のかげになって太陽の光があたらない所。

7 [甘党]　甘党：あまいものを好む人。特に、酒類よりもあまいものが好きな人。

8 [軒下]　軒下：屋根の、建物より張り出した部分のした。✎ 軒の部首は 車（くるまへん）。

9 [小遣]　小遣い：細かい買い物や支払いなどにあてる金銭。保護者などから与えられた、自由に使える金銭。

10 [石畳]　石畳：庭や道路などで、平らないしを敷き詰めた所。

読み / 同音・同訓異字 / 漢字識別 / 熟語の構成 / 部首 / 対義語・類義語 / 送りがな / 四字熟語 / 誤字訂正 / 書き取り

書き取り⑤

次の——線の**カタカナ**を**漢字**に直せ。

□□ 1 長い<u>トウビョウ</u>生活に耐える。 [   ]

□□ 2 課題が多く<u>クノウ</u>は尽きない。 [   ]

□□ 3 下着で胴が<u>アッパク</u>される。 [   ]

□□ 4 トラックが荷物を<u>ウンパン</u>している。 [   ]

□□ 5 以前ここは港町として<u>ハンエイ</u>した。 [   ]

□□ 6 旅行の土産に<u>カミカザ</u>りをいただく。 [   ]

□□ 7 大雨で道が<u>ミズビタ</u>しになった。 [   ]

□□ 8 事故だと聞いて<u>ムナサワ</u>ぎがした。 [   ]

□□ 9 相手の喜ぶ<u>オク</u>り物を考える。 [   ]

□□ 10 <u>イナズマ</u>が走り雷鳴がとどろいた。 [   ]

(標準解答)　　　(解　説)

読み

同音・同訓異字

漢字識別

熟語の構成

部首

対義語・類義語

送りがな

四字熟語

誤字訂正

書き取り

1 〔 闘病 〕
闘病：やまいとたたかうこと。

2 〔 苦悩 〕
苦悩：精神的にくるしみなやむこと。
まちがえやすい✗ 苦脳…脳は「のうみそ。頭のはたらき。」などの意味を表す別の漢字。

3 〔 圧迫 〕
圧迫：強い力で押さえつけること。
まちがえやすい✗ 圧拍…拍は「うつ。手でたたく。」などの意味を表す別の漢字。

4 〔 運搬 〕
運搬：物をはこぶこと。はこび移すこと。
✎ 運、搬いずれも「はこぶ」という意味を表す。

5 〔 繁栄 〕
繁栄：大いにさかえ、発展すること。
まちがえやすい✗ 反映…「反映」は「光や色が反射して見えること」という意味の別語。

6 〔 髪飾 〕
髪飾り：かみの毛をかざる物。かんざし、リボンなど。

7 〔 水浸 〕
水浸し：すっかりみずにつかること。
✎ 浸には「ひたす。ひたる。みずにつける。」という意味がある。

8 〔 胸騒 〕
胸騒ぎ：心配事やいやな予感で、むねがどきどきして不安なこと。

9 〔 贈 〕
贈り物：人におくる物。プレゼント。
✎ 贈は「金品や官位などをおくり与える」という意味を持つ。

10 〔 稲妻 〕
稲妻：雷のとき、空中での放電によって起こる電光。

書き取り⑥

次の——線の**カタカナ**を**漢字**に直せ。

□□ 1 家族の前で新年の**ホウフ**を述べる。 [　　　]

□□ 2 お気に入りの**ボウシ**をかぶる。 [　　　]

□□ 3 新人賞を受賞し**イチヤク**評判になった。 [　　　]

□□ 4 **エイユウ**として尊敬されている。 [　　　]

□□ 5 重要書類に慎重に**ショメイ**する。 [　　　]

□□ 6 見あげた**コンジョウ**の持ち主だ。 [　　　]

□□ 7 いつも**カゲグチ**をたたく人だ。 [　　　]

□□ 8 今朝は**クモ**り空が広がっている。 [　　　]

□□ 9 アウトドア用の**シキモノ**を買う。 [　　　]

□□ 10 **シラガ**の老人に話を聞く。 [　　　]

標準解答	解説
1 [抱負]	抱負：心にいだいている考えや計画。 **まちがえやすい✕** 豊富…「豊富」は「ゆたかで富んでいること」という意味の別語。
2 [帽子]	帽子：直射日光などを防ぎ、身なりを整えるために頭にかぶるもの。
3 [一躍]	一躍：途中の段階を飛び越え、いちどに評価が上がること。
4 [英雄]	英雄：才知、武勇ともに優れている人。 ✎ 「英雄」の雄は「いさましい。ひいでる。すぐれた人物。」という意味を表す。
5 [署名]	署名：本人が自分のなまえを書類などに書くこと。
6 [根性]	根性：困難や苦労にくじけない強いせいしつ。
7 [陰口]	陰口：本人のいないところで悪く言うこと。 **まちがえやすい✕** 影ロ…影は「光がさえぎられてできる黒いかげ」などの意味を表す別の漢字。
8 [曇]	曇り空：雲におおわれていて、日の差さない空。
9 [敷物]	敷物：座ったり寝たりするとき、下にしくもの。
10 [白髪]	白髪：しろくなったかみの毛。 ✎ 「白髪」は中学校で学習する熟字訓・当て字。

読み

同音・同訓異字

漢字識別

熟語の構成

部首

対義語・類義語

送りがな

四字熟語

誤字訂正

書き取り

これなら書ける！

漢検 4級 ライティングスタディ

2023年12月10日 第1版第1刷 発行

編著 公益財団法人 日本漢字能力検定協会
発行者 山崎 信夫
印刷所 三省堂印刷株式会社
製本所 株式会社渋谷文泉閣

発行所 公益財団法人 日本漢字能力検定協会
〒605-0074 京都市東山区祇園町南側551番地
☎ (075)757-8600
ホームページ https://www.kanken.or.jp/
©The Japan Kanji Aptitude Testing Foundation 2023
Printed in Japan
ISBN 978-4-89096-501-4 C0081

乱丁・落丁本はお取り替えいたします。

「漢検」、「漢検」ロゴは登録商標です。

●本書に関するアンケート●

今後の出版事業に役立てていきたいので、アンケートに
ご協力ください。抽選で粗品をお送りします。

下記URL、または二次元コードから回答画面に進み、画面
の指示に従ってお答えください。

https://www.kanken.or.jp/kanken/textbook/quickstudy.html

4級漢字表

漢字を使いこなそう！

──── 漢字表の見方 ────

●「漢字」は、見出しの漢字です。
●音訓は、音読みをカタカナ、訓読みをひらがなで示しました。
●画数は、総画数を示しました。
●部首は、漢字辞典で漢字を調べるときの見出しになるものです。
●十分に注意して書きましょう。

漢字	筆順	画数	部首	音訓
掘	音 訓	11	扌	クツ ・ ほ(る)
彩	音 訓	8	彡	サイ ・ いろど(る)
伐	音 訓	6	亻	バツ
茶	音 訓	9	艹	チャ ・ サ
壇	音 訓	12	扌	ダン ・ タン

漢字	筆順	画数	部首	音訓
陰	音 訓	11	阝	イン ・ かげ
縄	音 訓	16	糸	ジョウ ・ なわ
奇	音 訓	7	大	キ
掌	音 訓	14	手	ショウ
漸	音 訓	13	氵	ゼン

漢字	筆順	画数	部首	音訓
墳	音 訓	13	土	フン
擁	音 訓	12	扌	ヨウ
穏	音 訓	12	禾	オン ・ おだ(やか)
穀	音 訓	15	禾	コク
潜	音 訓	15	氵	セン ・ ひそ(む)・もぐ(る)
廃	音 訓	14	广	ハイ ・ すた(れる)

㋕　　　　　　　　　　㋔　　　　　㋒つづき

漢字	読み	画数	部首	部首名
暇	訓 ひま／音 カ	13	日	ひへん
菓	訓 —／音 カ	11	艹	くさかんむり
憶	訓 —／音 オク	16	忄	りっしんべん
奥	訓 おく／音 オウ高	12	大	だい
押	訓 お(す)・お(さえる)／音 オウ高	8	扌	てへん
汚	訓 けが(す)高・けが(れる)高・けが(らわしい)高・よご(す)高・よご(れる)・きたな(い)／音 オ	6	氵	さんずい
縁	訓 ふち／音 エン	15	糸	いとへん
鉛	訓 なまり／音 エン	13	釒	かねへん

漢字	読み	画数	部首	部首名
刈	訓 か(る)／音 —	4	刂	りっとう
獲	訓 え(る)／音 カク	16	犭	けものへん
較	訓 —／音 カク	13	車	くるまへん
壊	訓 こわ(す)・こわ(れる)／音 カイ	16	土	つちへん
皆	訓 みな／音 カイ	9	白	しろ
戒	訓 いまし(める)／音 カイ	7	戈	ほこづくり・ほこがまえ
介	訓 —／音 カイ	4	人	ひとやね
雅	訓 —／音 ガ	13	隹	ふるとり
箇	訓 —／音 カ	14	⺮	たけかんむり

漢字	読み	画数	部首	部首名
含	訓 ふく(む)・ふく(める)／音 ガン	7	口	くち
鑑	訓 かんが(みる)高／音 カン	23	釒	かねへん
環	訓 —／音 カン	17	王	おうへん・たまへん
監	訓 —／音 カン	15	皿	さら
歓	訓 —／音 カン	15	欠	あくび・かける
勧	訓 すす(める)／音 カン	13	力	ちから
乾	訓 かわ(く)・かわ(かす)／音 カン	11	乙	おつ
汗	訓 あせ／音 カン	6	氵	さんずい
甘	訓 あま(い)・あま(える)・あま(やかす)／音 カン	5	甘	かん・あまい

キ

却	詰	戯	儀	輝	幾	鬼	祈	奇	漢字
音キャク　訓―	音キツ高　訓つ(める)・つ(まる)・つ(む)	音ギ　訓たわむ(れる)高	音ギ　訓―	音キ　訓かがや(く)	音キ　訓いく	音キ　訓おに	音キ　訓いの(る)	音キ　訓―	読み
7	13	15	15	15	12	10	8	8	画数
卩	言	戈	亻	車	幺	鬼	ネ	大	部首
わりふふしづくり	ごんべん	ほこづくりほこがまえ	にんべん	くるま	いとがしら	おに	しめすへん	だい	部首名

凶	御	距	拠	巨	朽	丘	及	脚	漢字
音キョウ　訓―	音ギョ・ゴ　訓おん	音キョ　訓―	音キョ・コ　訓―	音キョ　訓―	音キュウ　訓く(ちる)	音キュウ　訓おか	音キュウ　訓およ(ぶ)・およ(び)・およ(ぼす)	音キャク・キャ高　訓あし	読み
4	12	12	8	5	6	5	3	11	画数
凵	彳	𧾷	扌	工	木	一	又	月	部首
うけばこ	ぎょうにんべん	あしへん	てへん	たくみ	きへん	いち	また	にくづき	部首名

ク

駆	仰	驚	響	恐	狭	況	狂	叫	漢字
音ク　訓か(ける)・か(る)	音ギョウ・コウ　訓あお(ぐ)・おお(せ)高	音キョウ　訓おどろ(く)・おどろ(かす)	音キョウ　訓ひび(く)	音キョウ　訓おそ(れる)・おそ(ろしい)	音キョウ　訓せま(い)・せば(める)・せば(まる)高	音キョウ　訓―	音キョウ　訓くる(う)・くる(おしい)	音キョウ　訓さけ(ぶ)	読み
14	6	22	20	10	9	8	7	6	画数
馬	亻	馬	音	心	犭	氵	犭	口	部首
うまへん	にんべん	うま	おと	こころ	けものへん	さんずい	けものへん	くちへん	部首名

ク つづき / ケ

漢字	音	訓	画数	部首	部首名
屈	クツ	—	8	尸	かばね / しかばね
掘	クツ	ほ(る)	11	扌	てへん
繰	—	く(る)	19	糸	いとへん
恵	ケイ・エ	めぐ(む)	10	心	こころ
傾	ケイ	かたむ(く)・かたむ(ける)	13	イ	にんべん
継	ケイ	つ(ぐ)	13	糸	いとへん
迎	ゲイ	むか(える)	7	辶	しんにょう / しんにゅう
撃	ゲキ	う(つ)高	15	手	て
肩	ケン高	かた	8	肉	にく

コ

漢字	音	訓	画数	部首	部首名
兼	ケン	か(ねる)	10	八	はち
剣	ケン	つるぎ	10	刂	りっとう
軒	ケン	のき	10	車	くるまへん
圏	ケン	—	12	囗	くにがまえ
堅	ケン	かた(い)	12	土	つち
遣	ケン	つか(う)・つか(わす)	13	辶	しんにょう / しんにゅう
玄	ゲン	—	5	玄	げん
枯	コ	か(れる)・か(らす)	9	木	きへん
誇	コ	ほこ(る)	13	言	ごんべん

漢字	音	訓	画数	部首	部首名
鼓	コ	つづみ高	13	鼓	つづみ
互	ゴ	たが(い)	4	二	に
抗	コウ	—	7	扌	てへん
攻	コウ	せ(める)	7	攵	ぼくづくり / のぶん
更	コウ	さら・ふ(ける)高・ふ(かす)高	7	曰	ひらび / いわく
恒	コウ	—	9	忄	りっしんべん
荒	コウ	あら(い)・あ(れる)・あ(らす)	9	艹	くさかんむり
項	コウ	—	12	頁	おおがい
稿	コウ	—	15	禾	のぎへん

コつづき　**サ**

漢字	咲	剤	載	歳	彩	鎖	婚	込	豪
読み（音）	—	ザイ	サイ	サイ・セイ	サイ	サ	コン	—	ゴウ
読み（訓）	さ(く)	—	の(せる)・の(る)	—	いろど(る)高	くさり	—	こ(む)・こ(める)	—
画数	9	10	13	13	11	18	11	5	14
部首	口	刂	車	止	彡	釒	女	辶	豕
部首名	くちへん	りっとう	くるま	とめる	さんづくり	かねへん	おんなへん	しんにょう しんにゅう	いのこ ぶた

シ

漢字	芝	執	雌	紫	脂	刺	伺	旨	惨
読み（音）	—	シツ・シュウ	シ	シ	シ	シ	シ高	シ高	サン・ザン高
読み（訓）	しば	と(る)	め・めす	むらさき	あぶら	さ(す)・さ(さる)	うかが(う)	むね	みじ(め)高
画数	6	11	14	12	10	8	7	6	11
部首	艹	土	隹	糸	月	刂	亻	日	忄
部首名	くさかんむり	つち	ふるとり	いと	にくづき	りっとう	にんべん	ひ	りっしんべん

漢字	舟	需	趣	狩	朱	寂	釈	煮	斜
読み（音）	シュウ	ジュ	シュ	シュ	シュ	ジャク・セキ	シャク	シャ高	シャ
読み（訓）	ふね・ふな	—	おもむき	か(る)・か(り)	—	さび高・さび(しい)・さび(れる)	—	に(る)・に(える)・に(やす)	なな(め)
画数	6	14	15	9	6	11	11	12	11
部首	舟	雨	走	犭	木	宀	釆	灬	斗
部首名	ふね	あめかんむり	そうにょう	けものへん	き	うかんむり	のごめへん	れんが れっか	とます

漢字	召	盾	巡	旬	瞬	獣	柔	襲	秀
読み	**音** ショウ **訓** め(す)	**音** ジュン **訓** たて	**音** ジュン **訓** めぐ(る)	**音** ジュン・シュン **訓** —	**音** シュン **訓** またた(く)高	**音** ジュウ **訓** けもの	**音** ジュウ・ニュウ **訓** やわ(らか)・やわ(らかい)	**音** シュウ **訓** おそ(う)	**音** シュウ **訓** ひい(でる)高
画数	5	9	6	6	18	16	9	22	7
部首	口	目	巛	日	目	犬	木	衣	禾
部首名	くち	め	かわ	ひ	めへん	いぬ	き	ころも	のぎ

漢字	飾	殖	畳	丈	詳	紹	称	沼	床
読み	**音** ショク **訓** かざ(る)	**音** ショク **訓** ふ(える)・ふ(やす)	**音** ジョウ **訓** たた(む)・たたみ	**音** ジョウ **訓** たけ	**音** ショウ **訓** くわ(しい)	**音** ショウ **訓** —	**音** ショウ **訓** —	**音** ショウ高 **訓** ぬま	**音** ショウ **訓** とこ・ゆか
画数	13	12	12	3	13	11	10	8	7
部首	食	歹	田	一	言	糸	禾	氵	广
部首名	しょくへん	かばねへん いちたへん がつへん	た	いち	ごんべん	いとへん	のぎへん	さんずい	まだれ

漢字	尽	薪	震	慎	寝	浸	振	侵	触
読み	**音** ジン **訓** つ(くす)・つ(きる)・つ(かす)	**音** シン **訓** たきぎ	**音** シン **訓** ふる(う)・ふる(える)	**音** シン **訓** つつし(む)	**音** シン **訓** ね(る)・ね(かす)	**音** シン **訓** ひた(す)・ひた(る)	**音** シン **訓** ふ(る)・ふ(るう)・ふ(れる)	**音** シン **訓** おか(す)	**音** ショク **訓** ふ(れる)・さわ(る)
画数	6	16	15	13	13	10	10	9	13
部首	尸	艹	雨	忄	宀	氵	扌	亻	角
部首名	かばね しかばね	くさかんむり	あめかんむり	りっしんべん	うかんむり	さんずい	てへん	にんべん	つのへん

セ　ス　シつづき

扇	占	跡	征	姓	是	吹	尋	陣	漢字
音セン／訓おうぎ	音セン／訓しめる・うらなう	音セキ／訓あと	音セイ／訓―	音セイ・ショウ／訓―	音ゼ／訓―	音スイ／訓ふく	音ジン／訓たずねる	音ジン／訓―	読み
10	5	13	8	8	9	7	12	10	画数
戸	卜	足	彳	女	日	口	寸	阝	部首
とだれ とかんむり	と うらない	あしへん	ぎょうにんべん	おんなへん	ひ	くちへん	すん	こざとへん	部首名

タ　ソ

耐	俗	即	贈	騒	燥	僧	訴	鮮	漢字
音タイ／訓たえる	音ゾク／訓―	音ソク／訓―	音ゾウ・ソウ／訓おくる	音ソウ／訓さわぐ	音ソウ／訓―	音ソウ／訓―	音ソ／訓うったえる	音セン／訓あざやか	読み
9	9	7	18	18	17	13	12	17	画数
而	亻	卩	貝	馬	火	亻	言	魚	部首
しかして しこうして	にんべん	わりふ ふしづくり	かいへん	うまへん	ひへん	にんべん	ごんべん	うおへん	部首名

端	嘆	淡	丹	脱	濁	拓	沢	替	漢字
音タン／訓はし・は・はた	音タン／訓なげく・なげかわしい	音タン／訓あわい	音タン／訓―	音ダツ／訓ぬぐ・ぬげる	音ダク／訓にごる・にごす	音タク／訓―	音タク／訓さわ	音タイ／訓かえる・かわる	読み
14	13	11	4	11	16	8	7	12	画数
立	口	氵	丶	月	氵	扌	氵	曰	部首
たつへん	くちへん	さんずい	てん	にくづき	さんずい	てへん	さんずい	ひらび いわく	部首名

澄	徴	跳	蓄	遅	致	恥	弾	漢字
音 チョウ高 訓 す(む)・す(ます)	音 チョウ 訓 —	音 チョウ 訓 は(ねる)・と(ぶ)	音 チク 訓 たくわ(える)	音 チ 訓 おく(れる)・おく(らす)・おそ(い)	音 チ 訓 いた(す)	音 チ 訓 は(じる)・はじ・は(じらう)・は(ずかしい)	音 ダン 訓 ひ(く)・はず(む)・たま	読み
15	14	13	13	12	10	10	12	画数
シ	彳	足	艹	辶	至	心	弓	部首
さんずい	ぎょうにんべん	あしへん	くさかんむり	しんにょう しんにゅう	いたる	こころ	ゆみへん	部首名

吐	殿	添	滴	摘	堤	抵	珍	沈	漢字
音 ト 訓 は(く)	音 デン・テン 訓 との・どの	音 テン 訓 そ(える)・そ(う)	音 テキ 訓 しずく・したた(る)高	音 テキ 訓 つ(む)	音 テイ 訓 つつみ	音 テイ 訓 —	音 チン 訓 めずら(しい)	音 チン 訓 しず(む)・しず(める)	読み
6	13	11	14	14	12	8	9	7	画数
口	殳	シ	シ	扌	土	扌	王	シ	部首
くちへん	るまた ほこづくり	さんずい	さんずい	てへん	つちへん	てへん	おうへん たまへん	さんずい	部首名

唐	倒	逃	到	怒	奴	渡	途	漢字
音 トウ 訓 から	音 トウ 訓 たお(れる)・たお(す)	音 トウ 訓 に(げる)・に(がす)・のが(す)・のが(れる)	音 トウ 訓 —	音 ド 訓 いか(る)・おこ(る)	音 ド 訓 —	音 ト 訓 わた(る)・わた(す)	音 ト 訓 —	読み
10	10	9	8	9	5	12	10	画数
口	イ	辶	刂	心	女	シ	辶	部首
くち	にんべん	しんにょう しんにゅう	りっとう	こころ	おんなへん	さんずい	しんにょう しんにゅう	部首名

4級漢字表　まとめテスト　まとめテスト標準解答

峠	胴	闘	踏	稲	塔	盗	透	桃	漢字
訓 とうげ／音 —	訓 —／音 ドウ	訓 たたか(う)／音 トウ	訓 ふ(む)・ふ(まえる)／音 トウ	訓 いね・いな／音 トウ	訓 —／音 トウ	訓 ぬす(む)／音 トウ	訓 す(く)・す(かす)・す(ける)／音 トウ	訓 もも／音 トウ	読み
9	10	18	15	14	12	11	10	10	画数
山	月	門	足	禾	土	皿	辶	木	部首
やまへん	にくづき	もんがまえ	あしへん	のぎへん	つちへん	さら	しんにょう	きへん	部首名

拍	輩	杯	濃	悩	弐	曇	鈍	突	漢字
訓 —／音 ハク・ヒョウ	訓 —／音 ハイ	訓 さかずき／音 ハイ	訓 こ(い)／音 ノウ	訓 なや(む)・なや(ます)／音 ノウ	訓 —／音 ニ	訓 くも(る)／音 ドン	訓 にぶ(い)・にぶ(る)／音 ドン	訓 つ(く)／音 トツ	読み
8	15	8	16	10	6	16	12	8	画数
扌	車	木	氵	忄	弋	日	金	穴	部首
てへん	くるま	きへん	さんずい	りっしんべん	しきがまえ	ひ	かねへん	あなかんむり	部首名

罰	抜	髪	爆	薄	迫	泊	漢字
訓 —／音 バツ・バチ	訓 ぬ(く)・ぬ(ける)・ぬ(かす)・ぬ(かる)／音 バツ	訓 かみ／音 ハツ	訓 —／音 バク	訓 うす(い)・うす(める)・うす(まる)・うす(らぐ)・うす(れる)／音 ハク	訓 せま(る)／音 ハク	訓 と(まる)・と(める)／音 ハク	読み
14	7	14	19	16	8	8	画数
罒	扌	髟	火	艹	辶	氵	部首
あみがしら あみめ よこめ	てへん	かみがしら	ひへん	くさかんむり	しんにょう	さんずい	部首名

漢字	被	疲	彼	盤	繁	範	搬	販	般
読み	訓 こうむ(る) 音 ヒ	訓 つか(れる) 音 ヒ	訓 かれ・かの 音 ヒ	訓 — 音 バン	訓 — 音 ハン	訓 — 音 ハン	訓 — 音 ハン	訓 — 音 ハン	訓 — 音 ハン
画数	10	10	8	15	16	15	13	11	10
部首	ネ	疒	彳	皿	糸	竹	扌	貝	舟
部首名	ころもへん	やまいだれ	ぎょうにんべん	さら	いと	たけかんむり	てへん	かいへん	ふねへん

漢字	怖	敏	浜	描	匹	微	尾	避
読み	訓 こわ(い) 音 フ	訓 — 音 ビン	訓 はま 音 ヒン	訓 えが(く)・か(く) 音 ビョウ	訓 ひき 音 ヒツ	訓 — 音 ビ	訓 お 音 ビ	訓 さ(ける) 音 ヒ
画数	8	10	10	11	4	13	7	16
部首	忄	攵	氵	扌	匸	彳	尸	辶
部首名	りっしんべん	のぶん ぼくづくり	さんずい	てへん	かくしがまえ	ぎょうにんべん	かばね しかばね	しんにょう しんにゅう

漢字	幅	舞	賦	膚	敷	腐	普	浮
読み	訓 はば 音 フク	訓 ま(う)・まい 音 ブ	訓 — 音 フ	訓 — 音 フ	訓 し(く) 音 フ	訓 くさ(る)・くさ(れる)・くさ(らす) 音 フ	訓 — 音 フ	訓 う(く)・う(かれる)・う(かぶ)・う(かべる) 音 フ
画数	12	15	15	15	15	14	12	10
部首	巾	舛	貝	肉	攵	肉	日	氵
部首名	きんべん はばへん	まいあし	かいへん	にく	のぶん ぼくづくり	にく	ひ	さんずい

ホ（捕・舗）　**ヘ**（壁・柄）　**フ**つづき（払）

漢字	峰	抱	舗	捕	壁	柄	噴	払
読み	訓 みね／音 ホウ	音 ホウ／訓 だ(く)・いだ(く)・かか(える)	訓 —／音 ホ	音 ホ／訓 と(らえる)・と(らわれる)・と(る)・つか(まえる)・つか(まる)	音 ヘキ／訓 かべ	音 ヘイ高／訓 がら・え	音 フン／訓 ふ(く)	音 フツ高／訓 はら(う)
画数	10	8	15	10	16	9	15	5
部首	山	扌	舌	扌	土	木	口	扌
部首名	やまへん	てへん	した	てへん	つち	きへん	くちへん	てへん

漢字	盆	凡	帽	傍	冒	肪	坊	忙	砲
読み	音 ボン	音 ボン・ハン高	音 ボウ	音 ボウ／訓 かたわ(ら)高	音 ボウ／訓 おか(す)	音 ボウ	音 ボウ・ボッ	音 ボウ／訓 いそが(しい)	音 ホウ
画数	9	3	12	12	9	8	7	6	10
部首	皿	几	巾	亻	曰	月	土	忄	石
部首名	さら	つくえ	はばへん／きんべん	にんべん	ひらび／いわく	にくづき	つちへん	りっしんべん	いしへん

モ（猛・茂）　**ム**（霧・矛）　**ミ**（眠・妙）　**マ**（漫・慢）

漢字	猛	茂	娘	霧	矛	眠	妙	漫	慢
読み	音 モウ	音 モ／訓 しげ(る)	訓 むすめ	音 ム／訓 きり	音 ム／訓 ほこ	音 ミン／訓 ねむ(る)・ねむ(い)	音 ミョウ	音 マン	音 マン
画数	11	8	10	19	5	10	7	14	14
部首	犭	艹	女	雨	矛	目	女	氵	忄
部首名	けものへん	くさかんむり	おんなへん	あめかんむり	ほこ	めへん	おんなへん	さんずい	りっしんべん

4級漢字表（つづき　モ〜）

漢字	読み	画数	部首	部首名
腰	音ヨウ高　訓こし	13	月	にくづき
溶	音ヨウ　訓と(ける)・と(かす)・と(く)	13	氵	さんずい
誉	音ヨ　訓ほま(れ)	13	言	げん
与	音ヨ　訓あた(える)	3	一	いち
雄	音ユウ　訓お・おす	12	隹	ふるとり
躍	音ヤク　訓おど(る)	21	足	あしへん
紋	音モン　訓—	10	糸	いとへん
黙	音モク　訓だま(る)	15	黒	くろ
網	音モウ　訓あみ	14	糸	いとへん

漢字	読み	画数	部首	部首名
離	音リ　訓はな(れる)・はな(す)	18	隹	ふるとり
欄	音ラン　訓—	20	木	きへん
絡	音ラク　訓から(む)・から(まる)高・から(める)高	12	糸	いとへん
頼	音ライ　訓たの(む)・たの(もしい)・たよ(る)	16	頁	おおがい
雷	音ライ　訓かみなり	13	雨	あめかんむり
翼	音ヨク　訓つばさ	17	羽	はね
謡	音ヨウ高　訓うたい高・うた(う)高	16	言	ごんべん
踊	音ヨウ　訓おど(る)・おど(り)	14	足	あしへん

漢字	読み	画数	部首	部首名
暦	音レキ　訓こよみ	14	日	ひ
麗	音レイ　訓うるわ(しい)高	19	鹿	しか
齢	音レイ　訓—	17	歯	はへん
隷	音レイ　訓—	16	隶	れいづくり
涙	音ルイ　訓なみだ	10	氵	さんずい
隣	音リン　訓とな(る)・となり	16	阝	こざとへん
療	音リョウ　訓—	17	疒	やまいだれ
慮	音リョ　訓—	15	心	こころ
粒	音リュウ　訓つぶ	11	米	こめへん

漢字	劣	烈	恋	露	郎	惑	腕
				⦿つづき	ロ	ワ	
読み	音レツ 訓おと(る)	音レツ 訓	音レン 訓こ(う)・こい・ こい(しい)	音ロ・ロウ 訓つゆ	音ロウ 訓—	音ワク 訓まど(う)	音ワン 訓うで
画数	6	10	10	21	9	12	12
部首	力	灬	心	雨	阝	心	月
部首名	ちから	れんが れっか	こころ	あめかんむり	おおざと	こころ	にくづき

購入者スペシャル特典！

付属デジタルコンテンツのご案内

スペシャルウェブサイトでは、学習をサポートするコンテンツをご利用いただけます。

〈特典例〉

・おすすめの便利な本書の使い方を動画で紹介

・本書未収録の「まとめテスト」1回分のダウンロード

・直前チェック！間違いやすい語句・漢字コラム

など

スペシャルウェブサイトにアクセスして、付属デジタルコンテンツを手に入れよう！

▼スペシャルウェブサイトはこちら
https://www.kanken.or.jp/kanken/
bonus_contents/quickstudy.html

※コンテンツの内容、名称などは変わることがあります。

まとめテスト

/200

(一) 次の──線の**漢字の読み**を**ひらがな**で記せ。 (30) 1×30

1 人々の記憶に残る作品だ。〔　〕

2 その説明は矛盾だらけだ。〔　〕

3 スピーチの草稿を清書した。〔　〕

4 薬を使って害虫を撃退した。〔　〕

5 演劇の脚本を書き上げる。〔　〕

6 山村の民俗芸能を調べる。〔　〕

7 ロボット全盛の時代がくる。〔　〕

8 非常時には敏速な行動が必要だ。〔　〕

9 画家の心情を投影した絵だ。〔　〕

10 光輝ある伝統を受け継ぐ。〔　〕

11 食事の支度をする。〔　〕

12 天賦の才に恵まれている。〔　〕

13 部下に全幅の信頼を置く。〔　〕

14 ついに本望をとげた。〔　〕

15 富士山の偉容に感動する。〔　〕

16 古都の史跡を訪ねて歩く。〔　〕

17 係員がバスに添乗して案内する。〔　〕

18 非凡な才能が開花した。〔　〕

19 万葉の秀歌を収めた歌集だ。〔　〕

20 合格の知らせに**有頂天**になる。

21 山へ**狩**りに出かける。

22 **暇**な時間を読書にあてる。

23 恩師の教えに**背**く結果になった。

24 巨額の**損失**を被る。

25 **鎖**で出入り口をふさいだ。

26 **木枯**らしの寒さに身を縮める。

27 島には財宝が**眠**っているという。

28 早朝の草原に**霧**が立ち込める。

29 世間の**荒波**にもまれてきた。

30 息子の**成長**を喜ぶ。

(二) 次の――線の**カタカナ**にあてはまる漢字を
それぞれの**ア〜オ**から**一つ**選び、**記号**で答え
よ。

1 雲一つない**カイ**晴に恵まれた。

2 卒業時に**カイ**勤賞をもらった。

3 朝礼で訓**カイ**を垂れる。

（ア 介　イ 戒　ウ 快　エ 壊　オ 皆）

4 大国への**レイ**属から脱する。

5 この桜は樹**レイ**百年以上だ。

6 端**レイ**な顔立ちで気立てもよい。

（ア 隷　イ 礼　ウ 齢　エ 麗　オ 冷）

(30)
2×15

7 **ケン**豪小説に人気が集まる。

8 長らく**ケン**勢を振るっていた。

9 人口は首都**ケン**に集中している。
（ア圏　イ剣　ウ兼　エ険　オ権）

10 天候不順で**キョウ**作が続く。

11 助けを求めて絶**キョウ**する。

12 音**キョウ**設備の優れた会場だ。
（ア胸　イ狂　ウ叫　エ凶　オ響）

13 **フ**ってわいたような話に驚いた。

14 少しずつ財産が**フ**えている。

15 強い北風が顔面に**フ**きつけた。
（ア殖　イ吹　ウ噴　エ降　オ踏）

(三) 1〜5の三つの□に**共通する漢字**を入れて熟語を作れ。　漢字は**ア〜コ**から**一つ**選び、記号で答えよ。

1 □号・対□・□通

2 □客・□品・□味

3 処□・□金・□則

4 □約・□礼・未□

5 □画・絶□・□城

ア 珍　イ 置　ウ 怒　エ 罰　オ 条
カ 称　キ 婚　ク 丈　ケ 鋭　コ 壁

(10)
2×5

(四) 熟語の構成のしかたには次のようなものがある。

$\binom{20}{2×10}$

ア 同じような意味の漢字を重ねたもの　　　（岩石）

イ 反対または対応の意味を表す字を重ねたもの　（高低）

ウ 上の字が下の字を修飾しているもの　　　（洋画）

エ 下の字が上の字の目的語・補語になっているもの　（着席）

オ 上の字が下の字の意味を打ち消しているもの　（非常）

次の熟語は上の**ア～オ**のどれにあたるか、一つ選び、記号で答えよ。

1 経緯　（　）

2 禁煙　（　）

3 不屈　（　）

4 積載　（　）

5 直訴　（　）

6 迎春　（　）

7 思慮　（　）

8 無為　（　）

9 老僧　（　）

10 雅俗　（　）

（五）次の漢字の**部首**を**ア～エ**から**一つ**選び、記号で答えよ。

(10)
1×10

1 握（ア扌 イ土 ウ尸 エ至）

2 較（ア一 イ十 ウ父 エ車）

3 却（ア土 イ十 ウ厶 エ卩）

4 驚（ア艹 イク ウ馬 エ攵）

5 堅（ア二 イ土 ウ又 エ臣）

6 紫（ア匕 イ小 ウ止 エ糸）

7 斜（ア十 イ小 ウ斗 エ人）

8 瞬（ア目 イ灬 ウ宀 エ舛）

9 遅（ア尸 イ羊 ウ丿 エ辶）

10 塔（ア扌 イ口 ウ艹 エ人）

（六）後の□内のひらがなを漢字に直して□に入れ、**対義語・類義語**を作れ。□内のひらがなは一度だけ使い、**漢字一字**で答えよ。

(20)
2×10

対義語

1 寒冷－温□

2 険悪－柔□

3 追跡－逃□

4 航行－□泊

5 屈服－反□

類義語

6 加勢－□援

7 永遠－不□

8 改定－□更

9 前途－□来

10 最初－冒□

おう・きゅう・こう・しょう・だん
てい・とう・へん・ぼう・わ

(七) 次の――線の**カタカナ**を漢字一字と送りが
な（ひらがな）に直せ。

〈例〉 問題に**コタエル**。〔答える〕

1 友人からの言葉を心に**キザム**。

2 ただ一つの問題を**ノゾケ**ば順調だ。

3 灯火で足元を**テラス**。

4 草木のしるで布を**ソメル**。

5 **アバレル**馬を取り押さえた。

(10)
2×5

(八) 文中の四字熟語の――線の**カタカナ**を漢字
に直せ。**漢字一字**で答えよ。

1 ようやく**セイ天白日**の身となる。

2 難**コウ不落**の城といわれる。

3 **ハポウ美人**で信用できない人物だ。

4 弟とのけんかは**一ケン落着**した。

5 **明キョウ止水**の境地にあった。

6 **私利私ヨク**にとらわれていた。

7 人を**舌先三ズン**で丸め込む。

8 典型的な**大キ晩成**の役者だった。

9 彼は**博ラン強記**の才人だ。

10 **美辞レイ句**を並べたあいさつだ。

(20)
2×10

(九)

次の各文にまちがって使われている同じ読みの漢字が一字ある。上に誤字を、下に正しい漢字を記せ。

(10)
2×5

1　旧校舎を改修して市民に交流の場を提協する。

誤〔　　〕　正〔　　〕

2　飲酒運転を根絶するためアルコール検査を限重に行う。

誤〔　　〕　正〔　　〕

3　災害用物使を適正に備蓄するよう勧告が出された。

誤〔　　〕　正〔　　〕

4　食用にする上で安全な野草かどうかを範断する知識を身に付ける。

誤〔　　〕　正〔　　〕

5　白鳥が礼年のように飛来し湖で越冬した。

誤〔　　〕　正〔　　〕

(十)

次の——線の**カタカナ**を**漢字**に直せ。

(40)
2×20

1　**イゼン**として目標に届かない。〔　　〕

2　**シキサイ**が豊かな絵画だ。〔　　〕

3　人形の頭と**ドウタイ**を別に作る。〔　　〕

4 運転中はラジオで**カヨウ**曲を聞く。⌒

5 **ワンリョク**ではかなわない。

6 **エンニチ**で屋台を巡る。

7 **ラクライ**の大きな音で驚いた。

8 紅茶と**ヨウガシ**を客に出す。

9 会の**シッコウ**委員に選ばれた。

10 文章を適切に**カイシャク**する。

11 優美で装飾的な**キュウデン**だ。

12 ヒレ肉には**シボウ**が少ない。

13 うまくいくかどうか**タメ**してみる。⌒

14 親友に**ナヤ**みごとを打ち明ける。⌒

15 市民は煙の中を逃げ**マド**った。

16 今週末は**オソ**らく晴れるだろう。

17 車が**マメツブ**ほどに見えた。

18 **モモイロ**の美しい花びらが舞う。

19 **マエガミ**を切りそろえた。

20 未来をになう**ワコウド**が集まる。⌒

―― おわり ――

まとめテスト　標準解答

(一) 読み (30)

14	13	12	11	10	9	8	7	6	5	4	3	2	1
ほんもう	ぜんぷく	てんぷ	したく	こうき	とうえい	びんそく	ぜんせい	みんぞく	きゃくほん	げきたい	そうこう	むじゅん	きおく

29	28	27	26	25	24	23	22	21	20	19	18	17	16	15
あらなみ	きり	ねむ	こが	くさり	こうむ	そむ	ひま	か	うちょうてん	しゅうか	ひぼん	てんじょう	しせき	いよう

30
むすこ

(二) 同音・同訓異字 (30)

12	11	10	9	8	7	6	5	4	3	2	1
オ	ウ	エ	ア	オ	イ	エ	ウ	ア	イ	オ	ウ

(三) 漢字識別 (10)

15	14	13	5	4	3	2	1
イ	ア	エ	コ	キ	エ	ア	カ

(四) 熟語の構成 (20)

3	2	1
オ	エ	イ

(五) 部首 (10)

10	9	8	7	6	5	4	6	5	4	3	2	1
イ	ウ	オ	ア	エ	ウ	ア	イ	イ	ウ	エ	エ	ア

(六) 対義語・類義語 (20)

10	9	8	7	6	5	4	3	2	1
頭	将	変	朽	応	抗	停	亡	和	暖

10	9	8	7
ア	エ	ア	ウ

(八) 四字熟語 (20)

8	7	6	5	4	3	2	1
器	寸	欲	鏡	件	方	攻	青

(七) 漢字と送りがな (10)

5	4	3	2	1
暴れる	照らす	除け	染める	刻む

(九) 誤字訂正 (10)

	5	4	3	2	1
誤	礼	範	使	限	協
正	例	判	資	厳	供

10	9
麗	覧

(十) 書き取り (40)

15	14	13	12	11	10	9	8	7	6	5	4	3	2	1
惑	悩	試	脂肪	宮殿	解釈	執行	洋菓子	落雷	縁日	腕力	歌謡	胴体	色彩	依然

20	19	18	17	16
若人	前髪	桃色	豆粒	恐